도시

고급 입문

이 저서는 2020년 대한민국 교육부와 한국연구재단의 지원을 받아 수행된 연구임 (NRF-2020S1A5C2A02093112)

환태평양 연구총서 16

피터 테일러 지음

박지훈 옮김

도시

고급 입문

Advanced
Introduction
to Cities

이담북스

도시처럼 많고 다양한, 복잡하면서도 익숙한, 그리고 언제나 모순적이기까지 한 주제에 대해 짧은 개론서를 쓰라는 것은 무리한 요구다. 요즘 말로 하면 그건 챌린지다. 위험부담을 감수하면서까지 내가 이 일을 수락한 유일한 이유는 재밌을 것 같아서였다. 실제로도 그랬다. 도시에 관한 여러 사실적 주장을 한 데 모으는 작업은 도시의 특징을 폭넓게 조망하고 자유롭게 선별할 수 있다는 점에서 즐거운 일이었다. 이 과정에서 나는 마치 사탕 가게에서 욕심을 부리는 아이처럼 굴었음을 고백한다. 도시는 글을 쓰기에 맛깔스런 주제다.

그렇다고 해서 무작위로 주제 선정을 하지는 않았다. 도시를 이해하는 여러 방식 중 내가 택한 경로는 특정한 유물론적 접근이다. 이는 도시에서 실제로 일어나는 일, 즉 도시의 존재 이유에서 출발함을 의미한다. 그러나 도시는 거대한 생활 터전에 불과한 게 아니다. 도시는 그 속에서 살아가는 이와 그 가족으로 하여금 의미있는 삶을 구축할 수 있도록 해주어야 한다. 하지만 이는 명확히 정해진 게 아니다. 따라서 나는 도시의 긍정적인 면과 부정적인 면, 그리고 둘 사이의 애매모호한 측면을 모두 설명한다. 많은 이에게 도시는 살아가기에 멋진 장소이지만 다른 이에게 그것은 위험한 공간이다. 또한 여러 가지 이유로 그 둘을 오가는 움직임도 있다. 그러므로 이 내재적 불확실성을 기술하는 나의 방식은 오락가락한다. 도시는 글을 쓰기에 쉽지 않은 주제다.

나의 기본 과제는 도시를 향한 내 열정을 독자에게 전달하는 일이었다. 나는 이를 체계적이고 일관된 방식으로, 아울러 그렇게 함으로써 독자로 하여금 도시에 관한 이해를 점진적으로 구축해 나갈 수 있는 방식으로 수행했기를 희망한다. 또한 나는 그러한 의도를 실현하기 위해 흥미로운 정보의 편린들을 제공함으로써 위의 방식을 보완하려 했다. 나의 핵심적 주장은 도시를 고려하지 않고 사회적 현실을 이해할 수 없다는 것이다. 나는 이것이 현재뿐만 아니라 수천 년 전에도 적용된다고 믿는다. 이는 내가 다루는 도시의 범위가 현대 도시에만 한정되지 않음을 함의한다. 나는 고대 도시도 현대 도시만큼이나 매혹적이라고 느낀다. 그러나 21세기 들어 우리가 직면한 고통이나 시련과 관련하여 책임을 물어야 할 대상은 후자이다. 우리는 도시 안에서 도시를 통해 그리고 도시 사이에서 우리 자신을 소비하다가 거의 파멸에 가까운 지경에 이르렀다. 도시는 글쓰기에 긴요한 주제다.

그 어떤 작가도 고립된 섬으로 존재하지 않는다. 수십 년 간 도시에 대해 가르치고 연구하면서, 또한 저술활동을 하면서 나는 도시에 관한 나의 이해에 기여한 많은 이에게 큰 빚을 지고 있다. 감사 인사를 전할 사람들은 세 부류로 나뉜다. 가장 근본적인 감사 인사는 페르낭 브로델(Fernand Braudel)과 제인 제이콥스(Jane Jacobs)의 위대한 저작들에게 전해진다. 둘은 서로를 참조하지 않았지만 내 사고의 상당 부분은 도시의 작동 방식에 관한 그 둘의 통찰을 접목한 것이다. 둘째는 도시와 관련하여 여러 프로젝트와 저술을 함께 한 동료이자 친구들, 즉 마이크 바크(Mike Barke), 존 비버스톡(Jon Beaverstock), 벤 더루더(Ben Derudder), 제임스 폴컨브리지(James Faulconbridge), 존 해리슨(John Harrison), 마이클 호일러(Michael Hoyler), 폴 녹스(Paul Knox), 롭 랭(Rob Lang), 자커리 닐(Zachary Neil), 제프 오브라이언(Geoff O'Brien), 필 오키프(Phil O'Keefe), 캐시 페인(Kathy Pain), 데니스 스미스(Dennis Smith) 그리고 프랑크 위틀로(Frank Witlo)이다. 본인들은 인지하지 못할 수도 있지만 이들은 여러 방면에서 이 책에 영향을 미쳤다. 그들은 이 책이 완료되는 데 많은 지원을 해주었을 뿐만 아니라, 보다 중요하게는 내게 서로 다른 아이디어와 지식을 제공했다. 셋째는 도시를 주제로 탁월한 저술을 남긴 연구자들인데 이들의 사고 역시 이 책의 곳곳에서 발견될 것이다. 글을 쓰는 과정에서 나는 때로는 명시적으로 그리고 더 많은 경우에 있어서는 암묵적으로 이들의 사유를 활용했다. 여기에는 조반니 아리기(Geiovanni Arrighi), 닐 브레너(Neil Brenner), 마뉴엘 카스텔(Mauel Castells), 에드워드 글레이저(Edward Glaeser), 피터 홀(Peter Hall), 데이비드 하비(David Harvey), 도린 매시(Doreen Massey), 제니퍼 로빈슨(Jennifer Robinson), 사스키아 사센(Saskia Sassen), 앨린 스콧(Allen Scott), 에드 소자(Ed Soja) 그리고 마이클 스토퍼(Michael Storper)가 포함된다. 본문에서는 인용을 최소화했지만 나는 내 글이 이들의 작업에 누가 되지 않기를 희망한다.

마지막으로 나의 아내 이니드(Enid)를 언급하지 않을 수 없다. 독자들은 이 책의 곳곳에서 도시의 관한 여러 책들을 서로 다른 관점에서 요약한 내용을 발견할 것이다. 이들은 학술적이라기보다 '편히 읽히면서도' 매우 통찰력이 있는 내용을 담고 있다. 그녀는 내가 이런 내용을 과도하게 축약했음에도 불구하고 명료함과 일관성 그리고 그 핵심적 의미가 유지될 수 있도록 세심하게 검토했다. 이에 이 책을 그녀에게 바친다.

도시에 관한 학술문헌

그 어떤 주요국의 통화를 적용하든 오늘날 세계의 학술출판업계 수입은 연간 수백억 달러에 달한다. 이 책은 이 거대한 글로벌 산업에 추가된다. 출판산업의 성장은 세계의 학습, 학문, 연구를 지원한다는 점에서 고무적인 일이다. 또한 그것은 교육접근성의 획기적 개선에 대한 반향이기도 하며 청년으로 하여금 전문직업시장에 진출할 기회도 제공한다. 그러나 이 엄청난 양의 수요·공급은 학술정보의 규모와 관련하여 심각한 문제를 야기했다. 도시에 관한 학술문헌은 감당불가능할 정도로 학습자료가 증가했음을 명확히 보여주는 사례다.

대학에서의 교육과 연구에 기반한 학술출판은 두 가지 형태를 취한다. 첫째는 연구를 통한 발견과 해석, 즉 연구 분야의 신지식을 학술지 논문으로 보고하는 것이다. 둘째는 그러한 논문의 정수와 요점을 모은 학술서인데 그 범위는 특정 주제에 대한 저서에서 교과서에 이르기까지 다양하다. 학문의 결과를 제시하는 이 두 가지 간단한 방식은 1900년대 들어 근대 대학의 발명 이후 한 세기 동안 잘 작동했다. 하지만 오늘날의 경우 더 이상 그렇지 않다. 학술출판의 규모 문제는 21세기 들어 점점 더 많은 학술지와 저서가 출판되고 있는 데서 명확히 드러난다. 이 머리말에서는 도시연구를 사례로 이 문제를 설명한다.

 학술지는 원래 해당국의 특정 분과학문을 대표하는 학회 구성원의 연구기록물이었다. 이는 전 세계 대학도서관의 책장 선반에 길게 진열되어 있는 연보에서 확인가능하다. 그러나 20세기 하반기 동안 엄청나게 많은 학술지가 창간됨에 따라 이 단순한 생산과정에 변화가 생겼다. 그중 일부는 분과학문 내 특정 분야만 다루지만 다른 일부는 다분과학문적이다. 또한 전체적으로 이들은 점점 더 전문화되고 있다. '도시연구(urban studies)'로 알려진 분야도 마찬가지다. 〈표 0.1〉은 제목에 '도시(city)' 혹은 '도시적(urban)'이 포함된 학술지의 목록을 창간년도 순으로 보여준다. 오늘날 도시에 관한 첨단 연구를 따라가길 원하는 이가 읽어야 하는 영어권 학술지는 서른세 개로 나타났다.

〈표 0.1〉 도시에 관한 학술문헌

학술지	창간년도
Urban Studies	1964
Urban Affairs Review	1965
Urban Education	1965
The Urban Lawyer	1969
Regional Science and Urban Economics	1971
Landscape and Urban Planning	1973
Journal of Urban Economics	1974
Journal of Urban History	1974
International Journal of Urban and Regional Research	1976
Journal of Architecture and Urbanism	1976
Journal of Urban Affairs	1979
Urban Geography	1980
Urban Policy and Research	1982
Cities	1983
Environment and Urbanization	1989

학술지	창간년도
Review of Urban and Regional Development Studies	1989
Urban Forum	1990
Urban History	1992
Journal of Urban Technology	1992
European Urban and Regional Studies	1994
City	1996
Journal of Urban Design	1996
International Journal of Urban Sciences	1997
Journal of Urban Health	1998
City and Community	2992
Urban Research and Practice	2008
City, Territory and Architecture	2009
Sustainable Cities and Society	2011
Urban, Planning and Transport Research	2013
Future Cities and Environment	2015
Urban Design International	2016
Urban Agriculture and Regional Food Systems	2016
Cities and Health	2017

〈표 0.1〉에 포함된 학술지의 순서 역시 앞서 설명한 학술지 증가를 전형적으로 보여준다. 처음에는 일반적인 제목(예: *Urban Studies*)이나 하위분과학문적 신규학술지(예: *Journal of Urban Economics*)에서 시작되었지만 점점 더 전문화된 학술지(예: *Sustainable Cities and Society*)로 이동하는 추세다. 전체적으로 보면 도시연구를 전범위의 주제, 즉 교육, 법, 경제, 역사, 건축, 지리, 기술, 건강, 환경, 계획, 디자인, 농업과 연결하는 학술지들이 생겨났으며, 많은 경우 각 주제에 대해 하나 이상의 학술지가 존재한다. 그중 내 논문이 출판된 학술지는 『도시연구(*Urban Studies*)』, 『도시와 지역 연구 국제 저널(*International Journal of Urban and Regional Research*)』, 『도시문제 저널(*Journal of Urban Affairs*)』, 『도시 지리학(*Urban Geography*)』, 『도시(*Cities*)』,

『도시사(*Urban History*)』, 『유럽 도시와 지역 연구(*European Urban and Regional Studies*)』, 『도시과학 국제 저널(*International Journal of Urban Sciences*)』, 이렇게 여덟 개밖에 없다.

사실 도시에 관한 나의 논문 중 많은 수가 제목에 '도시'나 '도시적'이라는 용어가 포함되지 않은 여타 사회과학, 지리학 그리고 계획 분야의 학술지에 출판되었다. 여기서 요점은 〈표 0.1〉의 목록이 도시연구가 발표되는 학술지 전체를 포괄하지 않는다는 점이다. 더 중요한 더 중요한 것은 이 목록이 그러한 학술지 전체를 포괄한다고 할지라도 그 서른 세 개의 학술지가 매년 출판하는 수백편의 논문을 모두 따라잡으며 ― 즉, 읽고 소화하고 활용하면서 ― 활발한 연구자로 활동하는 게 불가능하다는 점이다. 휴스턴, 문제가 생겼다.[1]

이 지점에서 학술출판의 두 번째 형태인 단행본이 도움될 수 있다. 이는 단행본의 주 목적이 학술지 논문에 나온 지식을 소화가능한 양으로 구성하는 것이기에 그러하다. 하지만 실상은 그렇지 못하다. 최근 단행본은 학술지보다 더 폭증하고 있다. 내가 정기적으로 활용하는 책들을 발간한 출판사에서 최근 발행한 온라인 카탈로그를 찾아본 결과는 〈표 0.2〉와 같다. 카탈로그의 구조는 다양했다. 따라서 이들은 도시연구와 관련된 서적의 수를 일관성있게 그리고 비교가능한 형태로 제시하지 않았다. 때문에 일부는 키

---

1 〔역주〕 원문은 "Huston, we have a problem"이다. 이는 중대한 문제상황을 보고할 때 널리 쓰이는 문장이다. 유래는 1970년 달로 향하던 도중 산소폭발로 귀환한 아폴로 13호의 승무원이다. 폭발 상황에서 승무원은 "Huston, we've had a problem"이라 말하며 휴스턴에 위치한 나사(NASA) 본부에 보고했다. 이후 1995년 개봉한 영화 『아폴로 13』에서 "Huston, we have a problem"이라는 대사가 쓰이며 이 표현이 널리 사용되고 있다.

워드를 사용해 관련 서적을 찾았고 다른 경우에는 특정 도시 섹션에 포함된 서적의 수를 계산하는 방식을 활용했다. 어쨌든 여기서도 요점은 도시를 다룬 최신 서적을 따라잡으려 했을 때 최소한 통독이라도 해야만 하는 책의 양이다. 단 여섯 개의 영어권 출판사에서 나온 책만 해도 1,000개를 훌쩍 뛰어넘는다. 깨어있는 시간 모두를 독서에 할애하더라도 이들을 다 읽는 건 불가능하다.

과거에도 이랬던 건 아니었다. 처음 『도시연구』가 등장한 1964년만 하더라도 도시를 다룬 최신 학술출판물을 따라잡는 게 가능했다. 이는 중요한 일이기도 했다. 학자에게는 자신의 연구주제에 대한 비판적 개관이 요구되었고 이것이 자기분야에서 '전문가'임을 주장할 수 있는 기반이기도 했다. 이는 그러한 과정을 통해 학자가 자기 분야의 모든 핵심 사유, 발견, 개념 그리고 이론을 이해하고 있다는 점을 동료연구자, 학생, 정책입안자, 출판사에 확인시켜줄 수 있었음을 의미한다. 하지만 2020년 현재 나는 도시연구 분야의 전문가가 되기 위한 그런 기준을 나 자신조차 충족시키고 있지 못함을 고백한다. 나는 〈표 0.1〉에 나온 학술지 중 다수를 읽기는커녕 알지도 못한다. 또한 비록 최근까지 도시에 대한 서적 다수를 읽어왔지만 이들은 〈표 0.2〉에 포함된 책의 1퍼센트도 되지 않을 것이다. 휴스턴, 문제가 지속되고 있다.

〈표 0.2〉 여섯 개의 주요 출판사의 온라인 카달로그에 나온 서적, 2020년

출판사	섹션/검색	서적수
에드워드 엘가(Edward Elgar)	카테고리: 도시 및 지역연구	522
엘스비어(Elsevier)	검색: 도시적	247
엘스비어	검색: 도시	282
라우틀리지(Routledge)	교과서: 도시연구	199

출판사	섹션/검색	서적수
스프링거(Springer)	검색: 도시적	860
스프링거	검색: 도시	558
세이지(Sage)	교과서 검색: 도시적	95
세이지	교과서 검색: 도시	88
윌리(Wiley)	검색: 도시적	425
윌리	검색: 도시	356

　물론 폭증하는 지식의 양에 연구자가 대처하는 유서 깊은 방법이 있다. 그것은 바로 전문화다. 이 경우 전문성이 주창되는 지식의 영역이 관리가능한 크기로 축소된다. 도시연구에서 이는 형용사적 기술어(adjectival descriptors)를 통한 연구 분야의 다분화로 이뤄진다. 예컨대 그것은 지리적(예: 아프리카 도시에 집중), 역사적(예: 중세도시), 기능적(예: 세계도시), 방법론적(예: 도시과학), 기술적(예: 스마트시티), 환경적(예: 지속가능한 도시)과 같은 용어를 통해 행해진다. 도시연구의 이 모든 분야에 진짜 전문가가 존재한다. 그러므로 반세기 전에 비해 오늘날 우리는 도시에 대해 훨씬 더 많은 것 — 예컨대 경험적 발견, 개념적 통찰, 새로운 사유방식 — 을 알고 있다. 그러나 주제를 작은 조각으로 분할하는 과정에서 도시의 본질인 복잡한 전체에 대한 시각을 잃어버릴 위험이 그 어느 때보다 크게 존재한다. 이는 심각한 문제다. 어떤 분야든 전문화는 '점점 더 적은 것에 대해 점점 더 많이 안다'는 비판을 받기 쉽다. 도시연구에 있어 이는 특히 문제가 된다. 아무리 잘 포착되고 잘 연구된다 한들 파편적인 것에 초점을 맞추면 결국 도시를 다른 모든 정착지와 다르게 만드는 인간적 생기(human spark)를 놓치게 된다. 도시는 '전체가 부분보다 크다'는 것을 명확히 보여주는 사례다. 그러므로 주기적으로 한 발 물러나 더욱 총체적으로 사고할 필요가 있다. 이것이 도시에 관한 고급 개론서를 쓰는 과정에서 내가 해야할 일에 대한 나 자신의 이해다.

1장

도시의 기초

서론: 인구학을 넘어

도시를 다루는 학술지나 저서의 수와는 별개로 이 책의 독자들은 도시에 매우 친숙할 것이다. 21세기 들어 대부분의 사람들은 도시 혹은 그 근교에 거주한다. 나머지도 필수적인 생활수요의 충족을 위해 도시에 크게 의존한다. 도시는 우리의 일상을 가능케 하는 배경이다. 그것을 재밌고 설레는 대상으로 흠모하든 사악하고 타락한 대상으로 혐오하든 도시는 언제나 우리의 삶 속에서 가시적 형태로 존재한다. 이런 보편적 경험을 감안할 때 고급 입문서든 다른 유형의 개론서든 도시에 대해 설명할 게 뭐 있겠는가? 그냥 사전 찾아보라. 내가 가진 옥스퍼드 사전은 도시를 '큰 타운'으로 정의한다. 자, 이제 개론이 끝나지 않았는가?

물론 그렇지 않다. 도시를 그것의 '도시적(urban)' 쌍둥이인 타운이나 여타의 정착지와 구분하기 위해서는 크기 외에도 여러 가지의 내용이 필요하다. 가장 기본적인 사안은 도시의 역동성이다. 도시는 항상 복합적 방식으로 작동하는 데 반해 다른 정착지에서는 이런 특징이 발견되지 않는다. 우리는 '고요한 타운'을 상상할 수 있지만 '고요한 도시'는 더 이상 도시가 아니다. 고로 재밌거나 설레는 혹은 사악하거나 타락한 것은 타운이 아니라 도시다. 도시의 이런 역동성이 인구 규모에 영향을 받는 것은 사실이다. 아마도 이것이 사전적 정의가 함축하는 바일 것이다. 그러나 도시가 된다는 것은 인구를 넘어서는 문제다. 이 장의 목표는 이러한 도시의 특별한 본성을 탐구하고 이후의 장들에서 제공될 논의의 기초를 다지는 것이다.

속으로서의 도시[1]

표면적이지만 흥미로운 관찰에서 시작하자. 그 누구도 고대 메소포타미아의 우크라, 제국적 정점기의 로마, 그리고 산업혁명기의 영국 맨체스터가 모두 도시라는 점을 부인하지 않는다. 실제로 이들은 각 시기 해당 장소에서 매우 중요한 도시였다. 수천년의 역사적 간극으로 이들은 매우 다른 특징을 지녔다. 그러나 이들 모두가 같은 종류의 정착지인 도시로 간주

---

1 〔역자주〕 원문은 "generic thinking on cities"이다. 이 글의 맥락에서 이런 사고는 시공간적으로 종별적인(specific) 접근과 구분된다. 말할 필요도 없이 둘은 생물분류단계(taxonomic rank)에서 유래했다. 즉 그것은 역(domain), 계(kingdom), 문(phylum), 강(class), 목(order), 과(family), 속(genus), 종(species)에서 마지막 두 범주를 말한다. 그리고 잘 알려진 것처럼 이 두 범주는 정의를 할 때 널리 활용된다. 예컨대 아리스토텔레스적 정의는 먼저 정의되는 대상을 특정한 종으로 간주한다. 그런 다음 그 종의 바로 윗 범주인 속을 찾는다. 마지막으로 해당 속에서 정의되는 종만이 배타적으로 공유한 종차(differentia specifica)를 찾는다. 이에 인간은 이성적 동물이다라고 할 때 인간이 종이고 동물이 속이며 이성이 종차가 된다. 이 글에서 저자는 도시를 다루는 데 있어 이러한 두 위계적 범주를 모두 활용한다. 그중 일차적으로 고려되는 것이 도시를 다른 정착지와 구분시켜주는, 하지만 동시에 시공간적으로 종별적인 그 모든 도시가 공유하고 있는 속별적(generic) 특징이다. 이 절은 바로 그러한 내용을 다루고 있다. 도시의 종별적 특징은 아래에서 별도로 논의된다.

되기 위해서는 공통점도 있어야 한다. 사실 이런 유형의 정착지는 5,000년 전 우크라의 등장 이래 세계의 여러 지역으로 확산된 것이다. 이는 아마도 경제, 사회, 정치, 그리고 문화적 기능의 유사성과 관련이 있을 것이다. 그러한 기능은 충분히 동질적이어서 — 동시대 존재한 그리고 '상대적으로 작은' 여타 정착지와의 대비 속에서 — 일부의 정착지만을 도시로 지정되게 하는 '질적 기준을 부과'했다.

〈표 1.1〉은 이런 식별이 세계의 도처에서 이뤄졌음을 보여준다. 단순히 구글 번역기만 사용해봐도 '도시'는 거의 100여개의 언어로 번역된다. 물론 이 언어들은 다양한 사회적 맥락을 갖기에 각 번역어는 서로 다른 정착 형태를 지칭할 수 있다. 그러나 그 차이는 그것들이 영어의 도시(city)로 번역될 수 없을 정도로 크지 않다. 번역어들 간 공통분모는 도시가 몇 가지 점에서 특별하다는 인식, 즉 그것이 다른 정착지보다 우월하다는 인식이

〈표 1.1〉 영어 '시티'의 번역어들

Stad	المدينة	শহর	Grad	Град	城市	Ciutat	Město	Byen	ville stadt
Πόλη	vil	עיר	शहर	lub zos	Város	Kota	città	都市	Mji veng
Pilsētas	Miesto	tanàna	Bandar	Belt	شہر	Miasta	Cidade		Ar Dähnini
Города	aai	Mesto	Ciudad	Staden	oire	kolo	Şehir	Місто	شہر
Dinas	Noj	city	alum	ከተማ	şəhər	горад	শহর	syudad	mzinda
cità	urbo	lungsod	stêd	cidade	ქალაქი	ਸ਼ਹਿਰ	gari		kūlanakauhale
obodo	cathrach	kutha	नगर	кала	bajar	шаары	ເມືອງ	urbs	pilsēta
miestas	ನಗರ	taone	хот	by	শহর	oraş	bhaile-mòr	toropo	guta
magaalada	kota	шахр	Kent	shahar	thành phố		umzi	ilu	idolobha

다. 예컨대 중세 유럽에서는 대성당이 있는 곳이 공식적 도시였다. 서부개척 시대 미국에서는 다수의 신규 정착지가 도시로 명명되었는데 이는 그곳이 특별해질 것이라는 열망을 반영한 결과였다. 물론 대부분은 그런 열망의 실현에 실패했고 이 때문에 영국 영어와 미국 영어 사이에 도시라는 용어의 의미 차이가 발생했다. 하지만 오늘날 영어에서 도시의 의미는 대체로 사회경제적 중요성과 연관된 특별함을 가리킨다(영국의 소규모 대성당 도시와 미국의 '실패한 도시'는 언어적 시대착오로 남아있다). 이것은 도시의 '근대적' 의미다. 다른 문명권에서는 대안적 기준, 즉 주요 정착지 가운데 일부만을 도시로 간주되게 하는 핵심적인 실천이 있을 것이다.

도시를 이런 식으로 고찰하는 것이 바로 속별적 사유방식이다. 이 접근은 장기적으로 추적가능한 인간의 여러 제도와 실천에 적용가능하다. 도시는 국가, 계급갈등, 종교, 상업, 무역, 그리고 중심-주변 간의 종속처럼 이런 사고방식으로 다뤄져온 여러 사례 중 하나에 불과하다. 따라서 위 사례중 어떤 것도 근대문명의 산물이 아니지만 모두가 그것의 근대적 형태 속에서 발견돼야만 한다. 나의 기본명제는 각 제도가 속별적 특징을 가지며, 이들이 서로 다른 사회문화적 맥락 속에서 서로 다른 실재성으로 형태화한다는 것이다. 예외는 그 제도의 최초 출현이다. 모든 사례에 있어 그러한 발생은 격렬한 논쟁의 대상이다. 전통적으로 도시의 탄생은 주요 문명의 생성과 연결되었다. 이는 도시가 여러 발생지를 갖는다는 것을 의미한다. 통상적으로 그 목록에는 메소포타미아(현재의 이라크), 이집트, 중국, 인도, 멕시코, 그리고 페루가 포함된다. 도시는 이 지역들만이 아니라 세계의 여러 지역에서 출현했는데 〈표 1.1〉이 이를 확증한다. 이런 속별적 접근에서 제기되는 핵심 질문은 다음과 같다. 모든 도시의 공통점은 무엇인가? 일반적 수준에서 무엇이 그들 모두를 도시로 만드는가?

도시에 관한 속별적 이해는 명민한 추상화에 크게 의존한다. 이는 도시의 본성을 규정하는 기본 특징을 드러내기 위해 도시의 여타 특성들을 껍질 벗기듯 제거해 나가는 과정을 말한다. 이런 추상화는 연구 목적에 따라 여러 방식으로 행해질 수 있다. 여기서 그에 대한 포괄적인 논평은 필요치 않다. 하지만 몇 가지 영향력 있는 사례에 대한 간략한 언급이 내가 선호하는 접근법을 맥락화하는 데 도움이 될 것이다.

그중 20세기 중반의 두 가지 사례는 특히 주목할 만하다. 통상적으로 20세기 전반 시카고대학 사회학과는 도시의 복잡성을 이해하려는 시도를 집중적으로 수행한 최초의 사례로 여겨진다. 이 학과의 도시생태학은 어버니즘(urbanism)을 생활양식으로 정의한 루이스 워스(Louis Wirth, 1938)에 이르러 정점에 도달했다. 그에 따르면 이러한 '생활양식으로서의 어버니즘(urbanism as a way of life)'은 세 가지 핵심 특성, 즉 익명성을 보장하는 인구 규모, 전문화를 가능케 하는 인구 밀도, 그리고 경험을 촉진하는 이질성(heterogeneity)으로 구성되는데 다른 정착지에서는 이 셋이 동시에 발견되지 않는다. 따라서 이 셋이 결합하여 도시적 삶(urban life)의 이점과 병폐를 야기하는 생태적 환경을 제공하게 된다. 이러한 미국적 관점을 계승한 스콧과 스토퍼(Scott and Storper, 2014)는 용어를 최신화하는 동시에 그것을 보다 넓은 맥락의 논쟁에 위치시켰다. 이들은 집적 그리고 그에 따른 토지 이용 과정을 결합하여 사회로부터 '도시적인 것'을 구분하는 요소로 활용한다. 이와 달리 고고학에서는 발굴 작업을 통해 도시를 구분하고 정의하는 일에 주력했는데 이는 '도시혁명'에 관한 고든 차일드(Gordon Childe, 1950)의 작업에서 정점을 이뤘다. 그는 도시를 다른 정착지와 구분하는 기준으로 열 가지를 제시했는데 이 기준들은 사회적 잉여 창출을 중심으로 한다. 이런 잉여는 회계와 기록 작업을 수행한 관료제를 가능케 했던 기념비적인 공공건축물과 관련이 있다. 나아가 그러한 공공건물은 그것의 건축을 가능케 한 노동 분업의 기반이 된 인구 규모 및 인구 밀도에 의존한다. 좀 더 최근 들어 도시를 구분하는 열 가지의 특징은 스미스(Smith 2016)에 의해 스물 한 가지의 고고학적 특징으로까지 확장된다. 이렇게 도시에 대한 속별적 접근은 서로 다른 방식으로 계속해서 발전하고 있다. 예컨대 아민과 스리프트(Amin and Thrift, 2017)는 도시를 '보기'와 '사유하기'의 장소이자 네트워크적인 복합체로 이해하는 데 반해 배티(Batty, 2013)는 도시 분포의 '멱법칙(power laws)'에 기반한 새로운 도시과학을 제안한다.

따라서 적절한 속별적 접근법을 찾기 위한 선택지가 부족하지는 않다. 앞서 언급한 모든 사례가 도시에 대해 타당한 이해에 기반하고 있으며 각각의 장점도 지니고 있다. 나의 접근법에는 여러 요소가 혼재되어 있다. 그러나 나는 다시 기본으로 돌아가 매우 자명한 관찰에서 시작한다. 도시는 여타 정착지와 구분되기 위해 — 즉 단순히 양적으로 더 많거나 클 뿐 아니라 몇 가지 점에서는 질적으로도 더 높은 수준이 되기 위해 — 사람들이 인지할 수 있을 만큼의 탁월함을 발전시켜야 한다. 이에 나는 도시를 만드는 요소가 그것의 성장 본성이라고 주장한다. 따라서 도시에 관한 이해는 인구 팽창이라는 문제를 넘어선다. 그것은 도시의 성장에 대한 설명과 분리 불가능하다.

이런 사고는 도시의 성장에 대한 또 다른 학문적 계보, 즉 보다 명백하게 경제학적인 접근으로 이어진다. 현대 경제학의 창시자 중 하나인 알프레드 마샬(Alfred Marshall, 1890)은 '산업지구(industrial district)'라는 용어를 만들어

— 그가 사용한 유명한 표현을 활용하면 마치 '공기 중에(in the air)' 존재하는 것처럼 간주되는 — 생산방식과 양식이 비공식적으로 공유되는 장소를 지칭했다. 그의 선구적 작업은 국민경제에 대한 현대경제학의 주류 모델에 대안적인 관점을 제시했으며, 이로써 지역경제학 및 경제지리학의 여러 분파를 낳았다. 하지만 사실 그가 최초 주목했던 대상은 19세기 맨체스터와 셰필드를 중심으로 각각 발전했던 면직물 그리고 철강제조업이었다. 둘의 발전은 명백히 도시 과정(city process)이었는데 여기서 도시란 지리적 행정 경계로서의 지역(area)이 아니라 보다 넓게 통합된 경제적 도시지역(city-region)으로 조망되었다. 이렇게 도시를 하나의 경제로 간주하는 사고는 20세기 후반 들어 제인 제이콥스(Jacobs, 1970, 1984)에 의해 더 발전하게 된다. 이 관점은 이전의 속별적 사유를 종합할 뿐만 아니라 유물론적 토대를 제공하기도 한다. 이것이 도시를 생태학적 용어로 조망하는 관점으로까지 이어지는데, 이런 관점은 다시 시카고학파의 전통을 떠올리게 한다(Jacobs, 2000). 이 관점의 주요 장점은 도시의 역사와 지리를 전 범위로 다룰 수 있다는 점이다. 나의 속별적 접근은 제이콥스의 유산 위에서 구축된다.

속으로서의 도시는 다음과 같은 다섯 가지의 규정적 특징으로 포착가능하다.

1. 과정으로서 도시

처음에는 다소 낯설게 느껴질 수 있지만 이것이 우리의 출발점이다. 우리는 도시를 장소로서 경험한다. 모든 도시는 빌딩의 스카이라인과 같은 상징적 이미지를 갖는다. 그러나 이런 이미지는 연속적인 얘기들의 단편,

즉 계속해서 전개되는 도시의 일시적 재현에 불과하다. 모든 도시는 항상 '진행 중인 작업물'이다. 그리고 이 작업은 엄청나게 복잡하다. 이는 생계를 꾸리기 위해 삶을 영위하는 수많은 개인들의 움직임이 모여 다른 도시들과 함께 그 도시를 창조하고 재창조하는 총체적인 과정의 결과물이다. 이렇게 도시는 경제사회적 역동성이라는 본질을 통해 다른 모든 정착지와 구별된다.

도시를 규정하는 이 과정은 단순히 무작위적인 상호작용의 덩어리가 아니다. 그것의 복잡성은 체계적이다. 모든 도시는 거대한 사회변동, 특히 경제발전을 야기하는 복합적 총체이다. 도시는 언제나 수많은 그리고 자잘한 과정을 통해 성장하기에 변화는 도시에 내재되어 있다. 각 변화는 새로운 가능성을 제시할 뿐 아니라 그 해법이 요구되는 문제 또한 발생시킨다. 이는 매끄러운 진화가 아니라 다분히 시행착오적인 과정을 거친다. 또한 그러한 해결책으로 인해 도시에서는 낡은 방식의 쇠퇴와 새로운 방식의 발전이 동시에 일어난다. 이로 인해 도시는 양자가 불편한 긴장 속에서 공존하는 곳이 된다. 이를 조직화된 복잡성이라고 한다. 이렇게 도시는 영속적인 발전의 장이다.

과정으로서의 도시, 즉 그것의 조직화된 복잡성은 도시 과정의 불협화음을 포괄하는 메타-구성물이다. 도시를 규정하는 다른 네 개의 특징은 도시 과정의 핵심들인데 각각은 무엇이 도시를 만드는지 그리고 도시 발전은 어떻게 이뤄지는지, 나아가 그것이 어떻게 유지되고 위협받는지를 설명하는 데 도움이 된다.

지하철의 탄생

도시의 체계적 본성은 사람과 상품의 이동을 가능케 하는 기반시설에서 가장 명확하게 드러난다. 여기서 문제가 발생하기 때문이다. 예컨대 도시가 급속히 성장하는 시기에는 기존의 교통 체계가 점점 더 비실용적인 것이 되어 결국에는 그것을 대체해야만 한다. 19세기 서유럽과 미국의 많은 도시들이 인구 백 만명 이상으로 성장하던 시기가 바로 그러한 상황이었다. 당시 주요 교통수단은 말이었는데 그 수는 수백만 마리에 달했다. 가장 큰 도시는 수만 마리의 말이 자가용 사륜마차, 수레, 합승마차, 버스, 그리고 노면전차 등을 끌던 런던이었다. 이곳의 교통체계는 혼돈에 가까운 도로 정체로 인해 매우 비효율적이었을 뿐 아니라 거리마다 쌓인 엄청난 양의 배설물로 인해 매우 비위생적이었다. 여기서 해결책이 등장한다. 런던은 1863년 세계 최초의 지하철을 개통함으로써 이에 응답했다. 그러나 증기기관차는 매우 불쾌한 승차경험을 제공했다. 뉴욕은 1868년 고정식 증기엔진과 케이블을 기반으로 고가철도를 시작했지만 그것은 제한적으로만 성공했다. 결국 교통체계의 전환을 가져온 것은 전기를 이용한 열차 운행이었다. 1890년 런던은 오늘날까지 운행되는 전기지하철 체계를 도입했다. 이후 20세기 초 20여 년 간 유럽(파리, 베를린, 부다페스트, 글래스고, 아테네)과 미국(뉴욕, 시카고, 보스턴, 필라델피아)의 여러 도시에서 지하철과 고가도로 열차가 전기 기반으로 건설되었고 도시의 거리에서 말의 수는 급격히 감소하다가 마침내 거의 사라졌다. 오늘날 전 세계에는 거의 200개의 지하철 체계가 존재하며 그 수는 계속 증가하고 있다.

2. 활동의 집적

도시의 독특한 혁신 능력은 바로 이 활동의 집적으로부터 비롯된다. 이는 도시의 규모와 다양성이 결합된 산물인데 이 점이 도시를 다른 모든 정착지와 구별되게 만든다. 글레이저(Glaeser, 2011)는 도시 거주민을 '더 똑똑한' 사람들로 칭하는데 이는 개인이 그렇게 타고났다는 게 아니라 집합적으로 그렇다는 것을 의미한다. 왜냐면 그들은 그것을 가능하게 하는 사회적 맥락 속에서 그리고 여타 다수의 '똑똑한' 사람들 곁에서 살아가기 때문이다. 이러한 이점은 외부성이라는 경제학 용어로 특정되는데 이는 통상적 시장 수익을 넘어서는 이익을 의미한다. 따라서 기업인이 도시에서 수행하는 프로젝트는 도시가 아닌 환경에서 수행되는 프로젝트보다 성공 가능성이 높다. 이런 효과를 집적 외부성(agglomeration externality)이라 부른다.

도시 내에서 행해지는 기업활동에 이점을 제공하는 요소는 다음과 같다.

- 같은 경제분야에서 일하는, 따라서 당신이 경쟁해야 할 뿐 아니라 배울 수도 있는 사람들
- 기타 연관 분야에서 일하는, 역시 당신이 배울 수 있는 사람들
- 즉각적으로 가용한 여러 분야의 (비)숙련노동
- 자본조달이 가능한 광범위한 자원
- 필요에 따라 그리고 필요할 때 여러 생산자로부터 조달 가능한 자재와 부품
- 기존 생산물에 대한 수요와 새로운 수요의 발굴 가능성
- 지원 그리고 조언을 제공하는 교역 조직 및 유사 기관의 존재
- 범죄 활동 등의 부정행위를 저지를 기회를 제공하는 익명성

이런 요소들은 서로 결합하여 경제발전을 위한 일종의 지원 체계로 작동한다. 그러나 여기서 끝나지 않는다. 집적 과정은 도시의 다른 활동, 즉 정치, 사회, 문화적 실천에서도 발견되기 때문이다. 이런 분야에서의 혁신도 도시 발전을 이끄는 주요 동력이며 경제적 변화 못지 않게 도시의 형성에 중요한 역할을 한다. 이 책의 집필 역시 5,000년 전 기록이라는 행위를 발명한 우크라 및 여타 수메로 도시의 필경사들이 만들어 낸 문화의 유산이다.

[사례]

헐리우드

의심할 여지 없이 이곳은 전 세계에서 가장 잘 알려진 산업 클러스터다. 1910년대 시작되어 1930년대에 이르는 과정까지 헐리우드는 세계 영화산업의 수도로 자리잡았다. 앨런 스콧(Allen Scott, 2008)이 말한 것처럼 이 지역은 이후 텔레비전 제작과 음악 녹음이 추가되면서 더 큰 유명세를 얻었고 이로 인해 보다 광범위한 엔터테인먼트 산업 클러스터로 발전했다. 이 클러스터는 대기업과 중소기업의 혼합 및 경쟁이 뒤섞인 방식으로 작동한다. 다양한 합작 투자를 통해 기업들은 거래와 프로젝트로 얽혀 있는데 이들의 네트워크는 마치 끝없이 이어지는 만화경처럼 구성되어 있다. 대형 기업들은 자금 조달, 제작, 유통을 담당하면서 예술 작업, 편집, 프로그래밍, 영상 제작, 콘텐츠 조사 등의 업무를 수행하는 전문 중소기업들을 참여시킨다. 또한 이 네트워크에는 미국 영화예술과학아카데미나 빌보드 음악 매거진과 같은 유력 매체도 포함된다. 이 모든 요소가 세계의 관련 업계에서 경쟁상대가 없을 정도의 집적 외부성을 형성한다.

3. 활동의 연결성

도시와 그 외부의 관계에 관하여 전통적 도시연구는 주로 도시의 배후지에 초점을 맞춰왔다. 하지만 어떤 도시도 단지 인접 환경에만 의존하여 발전하지 않는다. 도시는 결코 단독으로 존재하지도 않는다. 그것은 무리를 이룬다. 그리고 도시의 발전에 있어서 중요한 것은 도시 간 연결이다. 외부는 도시에게 새로운 사람, 아이디어, 수요를 제공, 지원, 그리고 보충한다. 도시집적은 그렇게 외부로부터 유입된 것을 자양분으로 삼는다. 도시는 경쟁과 협력이 혼재된 거대한 네트워크 속에서 작동한다. 예컨대 런던과 뉴욕은 매우 중요한 금융 클러스터를 보유하고 있다. 하지만 이들이 서로 그리고 세계 여러 도시들과 맺고 있는 수많은 금융적 연계(financial links)가 없다면 그것들은 아무것도 아닐 것이다. 또한 런던과 뉴욕은 외부적으로 가장 폭넓은 금융 연결망(financial connections)을 보유하고 있기도 하다. 이러한 도시적 이점은 네트워크 외부성이라 불린다.

네트워크 외부성을 이해하는 가장 생산적인 방식은 사회공간에 관한 마뉴엘 카스텔(Manuel Castells, 1996)의 사유를 통하는 것이다. 이는 인간이 공간을 만들고 활용하는 방식을 지칭한다. 그는 사회공간이 두 가지의 독특한 형태, 즉 장소의 공간(spaces of places)과 흐름의 공간(spaces of flows)으로 발전한다고 주장한다. 여기서 전자는 ― 도시와 농촌을 구분하거나 세계지도처럼 ― 패치워크의 형태로 시각화된 세계를 표현하는 지도에서 전형적으로 발견된다. 그러나 장소의 공간은 흐름의 공간에 의존적이다. 장소의 공간은 그것의 형성과 이후의 변화에 있어 사람, 원료, 아이디어가 흐르는 공간에 의존한다. 카스텔은 이러한 개념적 구분을 활용하여 현대 사회가 특히 흐름의 공간이 심화되는 과정으로 특징지어지며 따라서 그것은 네트워크 사회(network society)로 명명될 수 있다고 주장한다. 그가 맞을 수도 있지만 내가 보기에 그가 제시한 두 가지의 사회공간적 개념은 현대만이 아니라 모든 시기의 도시에 적용가능하다. 그중 흐름의 공간은 모든 도시를 이해하는 데 있어 근본적인 개념이다. 그것은 과거와 현재를 막론하고 네트워크 외부성을 이해하는 데 있어 핵심적인 개념이기 때문이다.

이러한 흐름의 공간은 세 가지 층위의 상호작용으로 구성된다.

- 가능성을 제공하는 기반시설. 역사적으로 기반시설은 도시 간 물리적 연결을 형성했다. 초기 문명은 강을 따라 발전했고 이후 도시는 항구, 운하, 도로, 철도, 항로 등을 통해 서로 연결되었다. 근대 세계에서는 이런 물리적 연결에 가상적 기반시설이 추가되었다. 이는 19세기의 전신, 20세기

초부터는 전화, 그리고 오늘날에 이르러서는 인터넷으로 인해 정점을 이뤘다. 이러한 흐름의 층위는 네트워크의 작동 허브를 제공한다.

- 사회적 상호작용. 전통적으로 이런 연결은 주로 무역과 금융 종사자에 의해 형성되었다. 오늘날 이는 세계 여러 도시를 기반으로 활동하는 다국적기업과 함께 폭발적으로 성장하고 있는데 이는 카스텔의 네트워크 사회라는 개념을 가장 명료하게 보여주는 사례다. 이런 영리활동의 연결고리는 여타 활동, 예컨대 정치적 활동(뉴욕, 제네바, 로마, 빈 등의 UN기구들), 사회적 활동(런던, 나이로비, 브뤼셀, 방콕 등의 인도주의 단체), 그리고 전문적이고 창의적 조직 활동(뉴욕, 로스엔젤레스, 파리 등의 회의, 축제, 심포지엄 등)을 통해 더욱 확대되고 있다. 이 모두가 사람 및 아이디어의 물리적인 그리고 가상적인 순환의 지속을 야기하며 그 네트워크의 결절들을 점점 더 세계시민적인 환경으로 만든다.

- 엘리트의 분리. 이는 엘리트의 공간을 의미한다. 매우 부유한 세계시민들은 독특한 엔클레이브에서 거주하는데 이들은 실용적이고 문화적인 활동들이 수행되는 미시-네트워크로 연결되어 있다. 엘리트의 미시-네트워크는 서로 다른 장소와 흐름의 전략적 연결을 유지하지만 사회의 나머지 부분은 가격이라는 문제로 인해 주거와 레저를 위한 이 값비싼 오아시스로부터 배제된다. 이 층위의 사회적 흐름은 세계화된 도시를 검토하는 8장에서 구체적으로 다뤄질 것이다.

카스텔이 말한 세계적 네트워크 사회는 복수의 도시 네트워크 속에서 허브와 결절 그리고 엔클레이브의 혼합을 통해 작동한다.

네트워크 외부성에 관한 상상은 집적 외부성을 떠올리는 것보다 상대적으로 쉽다. 하지만 그것의 개념적 명료화는 집적 외부성의 명료화보다 어렵다. 공항이나 금융서비스와 같은 물리적 기반시설에 기반하여 높은 수준의 연결성을 갖춘 런던에서 사업을 하는 것이 더 작은 도시에서 활동하는 유사 기업보다 유리하다는 점을 이해하는 것은 어렵지 않다. 그러나 이런 점들은 집적 외부성과도 필연적으로 그리고 밀접하게 연결되어 있다. 외부적 연결이 야기하는 면대면 상호작용은 앞서 언급한 집적의 이점들과 일치하지만 그것은 더 광범위한 스케일에서 작동한다. 대부분의 기존 문헌에서 이 둘은 별개의 과정으로 다뤄지지만 집적 외부성과 네트워크 외부성은 동일한 과정의 양면, 정확히는 내부와 외부의 측면이며 따라서 우리는 이를 '전체적 도시 외부성(whole city externality)'으로 명명할 수 있다. 양자의 구분은 도시의 다면적 구조를 설명하기 위한 실용적 선택이다. 즉 그것은 복합적이고 총체적인 체계에 대해 기술할 때 전형적으로 필요한 선택이다.

[사례]

미국의 남북전쟁

1840년대 이래로 철도는 도시 사이의 연결에 있어 혁명을 선포했다. 미국에서 이는 남북 간 정치적 긴장이 고조되던 시기와 우연히 맞물려 결국 1861년부터 1865년까지의 내전에서 정점을 이뤘다. 1860년 당시 철도망 분포는 이 전쟁이 물류의 측면에서 매우 불평등한 군사적 대결이었음을 잘 보여준다. 북부 도시들 간 연결성은 남부의 그것과 전혀 다른 양상을 보였다. 북부에서는 북동부 해안도시들(보스턴, 뉴욕, 필라델피아, 볼티모어)이 촘촘하게 연결되어 있었으며 이들은 다시 북서부의 중심도시들(디트로이트, 피츠버그, 신시내티, 시카고)과도 연결되어 북부 전역에 걸친 도시 집적체의 통합적 네트워크를 형성하고 있었다. 그에 반해 남부의 철도망은 수적으로도 적고 구조적으로 단순한 형태였다. 예컨대 그것은 사바나-애틀랜타-채터누가를 잇는 단일 노선처럼 해안에서 내륙으로 향하는 일방향의 구조였다. 북부가 전쟁에서 승리한 데는 여러 이유가 있으나 도시 사이의 차이만이 아니라 그들 간 연결성의 차이도 매우 중요한 요인이었다. 그리고 바로 이 북부 도시의 네트워크가 훗날 '미국 제조업 벨트'로 발전했다. 이는 이후 1세기 동안 미국 경제의 핵심 동력이 되었을 뿐 아니라 두 차례의 세계대전에서 미국이라는 산업 전쟁기계를 승리로 이끈 기반이 되기도 했다.

4. 권력의 투영

그 어떤 사회변동도 특정 형태나 특정 방식의 권력 작용 없이 일어나지 않는다. 진화나 진보같은 용어는 변동, 나아가 변형이 사회의 지속적인 특징으로서 그저 자연스럽게 발생하는 것처럼 암시하는 경향이 있다. 그러나 권력관계는 사회의 도처에 존재한다. 또한 권력이라는 개념은 단순하면서도 복잡한 것으로 보이는 개념 중 하나이기도 하다. 그렇다면 도시가 권력으로 가득찬 사회적 힘이라고 할 때 그 의미는 무엇인가? 혹은 파리가 리옹보다 강력하다고 할 때의 의미는 무엇인가? 파리가 더 크다? 파리가 프랑스의 수도이다? 둘 다 관련이 있지만 파리가 가진 강력한 역량은 이 두 가지 사실을 뛰어넘는 문제다. 이탈리아로 시야를 돌려 밀라노와 로마 중 어디가 더 강력한가라는 질문을 던져보면 해답의 실마리가 보이기 시작할 것이다. 밀라노는 주요 경제중심지이며 로마는 수도, 즉 정치중심지이다. 그렇다면 그것은 권력이라는 용어로 당신이 무엇을 의미하는가에 달려있는가? 앞서 질문한 사례들에서 권력은 어떤 의미로 사용되었는가? 도시와 관련해서는 네 가지의 기본 답변이 가능하다.

지휘권력(command power)은 우리가 일반적으로 생각하는 방식의 권력이다. 이는 사회변화를 직접적으로 이끄는 권력, 즉 뭔가를 하는 도구적 권력을 말한다. 그러므로 국가는 자신의 영토 내에서 상황을 변화시킬 수 있는 권력을 가지며 이는 그것의 수도에서 행해진다. 도시 내에서는 시장 혹은 시민의 지도자가 그와 유사하지만 상대적으로 약한 권력을 갖는다. 하지만 이런 지휘권력이 행정 경계에 한정되는 것은 아니다. 예를 들어 뉴욕, 시카고, 베이징처럼 여러 기업의 본사가 위치한 도시에서는 X도시의 공장을 폐하고 Y도시에 공장을 신설하는 동시에 Z도시에서 사업을 확장하는 결정을 내려진다. 오늘날 이러한 세계전략이 고안되고 실행되는 도시는 지휘통제의 중심부(Control and Command Centres)로 불린다.

네트워크화된 권력(networked power)은 보다 미묘한 형태의 권력으로 도시의 일상적 활동에서 기원한다. 이는 네트워크를 유지하는 힘, 즉 도시 내부에서 그리고 도시 간 연결고리를 촉진하고 발전시키는 힘을 말한다. 상황을 형성하는 이 능력은 광범위한 조직들이 협상하고 중재하는 도시의 집적 그리고 클러스터와 관련이 있다. 이들 간 협력적 상호작용은 도시 내부에서 그리고 도시 사이에서 활동을 연결하는 다리를 놓는 데 효력을 미친다. 금융중심지 클러스터는 다양한 전문인력 ― 예컨대 금융분석가, 펀드매니저, 자산관리사, 변호사, 회계사 등 ― 의 투입을 통해 작동한다. 그러므로 뉴욕, 런던, 프랑크푸르트, 도쿄와 같은 도시는 글로벌 금융시장에서 권력을 갖는다.

구조적 권력(structural power)은 보다 확장적이고 내재된 형태의 권력이다. 그것은 종속이 주요 관계인 불균등한 사회적 조건의 일상적 작동 속에서 작용한다. 이는 도시와 그것에 종속적인 배후지 간의 상황이다. 도시에서 발생하는 일, 예컨대 성장과 쇠퇴는 자동으로 배후지에 영향을 미친다. 이런 유형의 관계는 더 큰 스케일의 지역, 특히 특정 식료품이나 원자재 생산에 특화된 시장이 원거리 시장에 의존적인 경우에도 나타난다. 예를 들어 상품의 미래가격에 돈을 거는 시카고 선물시장은 남아메리카 농민의 생계에 영향을 미치지만 농민들은 이 가격 결정과정에 아무런 영향을 미치지 못한다.

생태권력(ecological power)은 도시의 조직화된 복잡성에 내재된 힘이다. 그 것은 다른 세 권력의 혼합이다. 도시를 사회적 생태계로 볼 때 그 안에는 도시를 구성하는 본연의 과정이 존재한다. 그 과정은 도시의 부침과 시간 의 흐름에 따라 다양하지만 집합적으로 볼 때 도시는 매우 강력한 생태계 라는 점이 증명되었다. 도시는 수천년에 걸쳐 계속 성장했으며 오늘날에는 인류를 지배하는 동시에 모든 종류의 생물을 포괄하는 지구 생태계 전체를 위협할 정도에까지 이르렀다. 사회변동에 있어 이렇게 놀라운 힘을 발휘하 는 능력은 21세기 들어 매우 다루기 어려운 문제가 되고 있다. 이 문제는 이 책의 마지막 장에서 직접적으로 다뤄진다.

[사례]

홍콩

단순한 지휘권력의 관점에서 보면 홍콩은 눈에 띄게 권력이 결여된 도시다. 이 도시 는 1842년 영국의 식민지가 되어 남중국해에서 영국의 무역거점이 되었다. 그것은 런던 (제국적 명령)에서 베이징(사회주의적 명령)으로 정치권력이 최종적으로 이양하여 중국 에 반환된 1997년까지 이런 정치적 지위를 유지했다. 이런 정치 이력에도 불과하고 홍콩 은 다른 형태의 권력에 있어서 엄청나게 성공적인 도시였으며 지금도 그러한 역할을 지 속하고 있다. 그것은 네트워크화된 권력의 전형적 사례이다. 홍콩의 핵심 역할은 중국과 서방의 상업적 권력으로 발전했다. 이는 서로 다른 두 정치경제 사이에서 사업을 수행하 는 방법에 대한 실용적 지식과 암묵적 지식의 집적을 포함한다. 예컨대 금융자문가는 베 이징의 규제와 상하이의 상업 사이에서 항해하는 법을 알 것이다. 변호사는 국제계약서 를 작성하는 과정에서 중국의 계약법과 타국의 법률을 조화롭게 반영하는 법을 알 것이 다. 오늘날 이는 세계경제에서 가장 중요하게 작동하는 다리 중 하나이다. 지휘권력을 갖 고 있지 않음에도 불구하고 홍콩은 세계에서 가장 강력한 도시 중 하나이다.

5. 국가와의 관계

전술한 것처럼 도시의 권력은 영주, 국가, 제국의 무력을 통해 작동하는 정치권력과 나란히 존재한다. 따라서 대부분의 역사에서 도시는 상반된 권력논리가 공존하는 세계 속에서 작동해왔다. 예컨대 흐름의 공간에 위치한 그리고 행위자 간 상호이해에 기반한 네트워크 권력의 곁에는 장소의 공간에 위치한 그리고 승자와 패자를 나누는 국가의 지휘권력이 존재한다.

수도는 도시와 국가 간 관계의 가장 명확한 예시다. 국가는 더 많은 기능을 수행할수록 더 복잡한 조직을 필요로 한다. 국가 관료제는 수도에서 성장하기에 집적 효과로부터 이익을 볼 수 있다. 수도의 정치적 집적은 외교활동, 대사관, 전문가 싱크탱크, 다수의 로비스트, 통번역이나 보안과 같은 전문서비스, 정부의 대의기능 및 행정기능을 포괄한다. 그러나 이같은 활동 범위는 여전히 국가의 영토적 경계 내에 국한되어 세계 내 전체 도시 간 관계에는 오직 제한적 영향만을 행사한다. 그러므로 워싱턴 DC, 캔버라, 브라질리아, 아부자처럼 국가가 수도로 만드는 도시에서는 '전체적인 도시 외부성'이 제한된다. 여기서는 도시의 성장이 국가, 즉 지휘권력에 의존한다. 예컨대 워싱턴 DC는 미국사 대부분의 기간 동안 소도시였으며 20세기 후반 미국이 세계 주요 국가로 부상하면서 비로서 대도시로 성장할 수 있었다.

보다 일반적으로 도시와 국가 간 관계는 세 가지의 주요 방식으로 전개된다.

1) 국가의 지배

- 국가가 도시에 대해 공식적 권력을 보유하고 있으며 도시의 공간적 관계가 네트워크적이기보다 영토 내 위계적 행정구조에 통합되어 있다.

- 이런 지배는 언어에서 가장 명백히 드러난다. 도시에 명칭을 부여할 권리를 해당 도시가 아닌 국가가 갖는다. 단순하지만 상징적인 이 권력은 통상적으로 행정개편, 전쟁, 그리고 혁명 이후 발휘된다.

- 타국의 도시를 점령하거나 자국 도시의 반란을 진압할 때 국가는 포위 전술을 사용한다. 말하자면 그들은 네트워크 외부효과의 작동을 차단하고 이로써 집적 외부효과도 중단시킨다.

2) 국가와 도시 간 조화

- 하지만 국가의 지휘권력은 도시의 복잡성과 비교할 때 상대적으로 허술한 도구이다. 따라서 국가가 흥망성쇠를 겪는 과정 중에도 도시는 유지될 수 있다. 실제로 오늘날 다수의 도시는 현재 그것을 내포한 국가보다 훨씬 더 오랜 역사를 갖는다.

- 도시는 국가가 부과하는 사회질서, 예컨대 거래나 도시 간 통행에 있어 안전을 보장하기 위한 법의 지배로부터 이득을 본다.

- 그 외에도 둘 사이에 상당히 광범위한 긍정적 관계가 있다. 예를 들어 도시재정은 국가의 재정지원에 다양한 수준으로 의존한다.

3) 도시의 지배

- 국가와 관료제는 도시의 복잡성을 모두 수용할 수 없다. 경계(토지용도지

정)와 토지사용통제(도시개발규제정책)를 강조한 20세기 공간계획을 통해 도시를 국가 질서에 맞추려던 시도는 대체로 실패했다.

- 20세기 계획경제에서 공산국가들은 도시의 성장과 관련하여 여러 가지의 통제를 시도함으로써 스스로 경제성장을 잠식했다. 이로 인해 소련과 중국은 1980년대 들어 정치위기에 직면했다. 소련은 해체되었고 중국은 체제전환을 경험했다.

- 현대 도시에서는 불법적 도시활동이 증가해왔다. 미국에서는 소위 '마약과의 전쟁'이 미국 도시 내에서의 마약 수요로 인해 완전히 잠식되었다. 이는 멕시코와 같은 거대한 공급국가까지도 불안정하게 만드는 외부효과를 낳았다.

오늘날 도시와 국가의 관계는 경제적 세계화를 둘러싼 논란의 중심에 있다. 대기업들이 여러 도시의 입지를 전략적으로 조합하여 세금을 최소화하는 방식으로 자신들의 거래 구조를 만들고 있기 때문이다. 이러한 집적 외부성과 네트워크 외부성의 전략적 결합은 국가의 영토 권력에 엄청난 위협을 가한다. 하지만 특이하게도 도시와 국가 간 관계는 도시연구 분야에서 아직 충분히 연구되지 않은 주제이다.

[사례]

브로츠와프(Wrocław) 등

앞서 도시의 이름을 정할 권한에 대해 언급했는데 여기서 가장 극단적 사례를 제시하고자 한다. 데이비스와 무어하우스(Davies and Moorhouse, 2003)에 따르면 실레지아(Slesia) 지역의 수도는 1945년 그 지역이 현대 폴란드에 편입된 이후에야 브로츠와프라는 이름을 갖게 되었다. 그 이전으로 거슬러 올라가면 1871년까지 그것은 독일어로 브

레슬라우(Breslau), 1741년까지는 프로이센의 브레스라우(Bresslau), 1562까지는 합스부르크제국의 프레슬라우(Presslaw), 1335년까지는 보헤미아의 브레츨라프(Vretslav), 그리고 1000년까지는 브로티즐라(Wrotizla)였다. 물론 이런 명칭의 변화는 중부 유럽의 격동적 정치사를 반영한다. 실레지아 지역은 풍부한 자원을 보유했을 뿐 아니라 폴란드, 독일, 체코와 같은 정치세력 사이에 놓여있다. 그러나 여기서 핵심은 오데르강(River Oder)의 상류에 위치한 이 중요한 도시가 인구 구성의 변화를 겪으면서 도시의 집적를 이루고 연결성의 이점을 활용하면서 생존했다는 점이다.

도시를 규정하는 다섯 가지의 특징은 이후의 여덟 개 장에서 더 상세히 설명될 것이다. 각 장은 문명, 분주함, 연결성, 수요, 분열, 국가, 세계화, 자연이라는 주제로 구성되며 이런 특징들이 서로 중요하게 얽혀있다는 점 또한 다뤄진다. 각 장의 끝에는 '결론' 대신 '결론적 보완(concluding supplement)'이 배치된다. 일반적으로 결론은 요약의 기능을 한다. 하지만 이 때문에 그것은 미래를 위한 논의를 막는 경향이 있다. 그에 반해 나는 보충 설명을 통해 해당 장의 주제를 새로운 지평으로 확장하고 이를 통해 상자 외부에서의, 즉 그 장 외부에서의 사유를 자극하려 한다.

개별 도시의 종별성

속별적 사고는 불충분하다. 그것은 도시에 관한 고급개론서의 서술에 필수불가결한 단계지만 본질적인 한계도 갖는다. 도시의 복잡성은 모든 도시에 공통적으로 적용되는 현실이다. 하지만 그 곁에는 이와 동일한 수준으로 중요한 또 다른 현실, 즉 모든 도시가 고유하다는 현실도 존재한다. 후자를 인식하지 못하는 것은 도시연구로의 입문에 있어 심각한 결함이 될 수 있다. 나의 논의는 속별적 사유에서 시작되었다. 그 과정에서 나는 산업 도시 맨체스터, 제국적 로마 그리고 고대의 우크라를 사례로 들었다. 각각은 매우 다르지만 모두 도시로 인지된다. 이는 그들 내부에 일반성이 존재한다는 주장을 강하게 뒷받침한다. 정도의 차이는 있지만 그것은 텍사스의 댈러스, 휴스턴, 샌안토니오라는 세 도시 혹은 다른 조합에도 적용된다.

도시의 고유성은 속별적 관점에서 보더라도 사소한 것이 아니다. 오히려 그 반대다. 그것은 앞서 열거한 도시의 특징 중 두 번째와 세 번째의 것에 있어 필수적 요소이다. 간단히 말해 동일한 도시만 존재한다면 도시 사이에서는 그 어떤 상호작용도 맺어지지 않는다. 이런 상황에서 도시 교역은 필요하지 않으며 이동할 이유도 없기에 이주도 이뤄지지 않을 것이고 아이디어의 확산 또한 발생하지 않을 것이다. 네트워크 외부성의 자극이 없다면 현존하는 집적 역시 세계시민주의가 부재한 상황에서 그 활력을 잃을 것이다. 따라서 도시 간 차이는 속별적 접근이 설명하고자 하는 도시의 내부적 역동성의 필요조건이다.

하지만 도시의 속별적 속성과 더불어 그것의 종별성을 고려해야 하는 또 다른 이유도 있다. 복합체의 다수성은 곧 상당한 다양성을 의미한다. 도시를 돋보이게 만드는 흥밋거리와 매력은 특수한 도시의 독특한 특성에 있기 때문이다. 예컨대 과거에는 '황금으로 포장된 거리' 그리고 최근에는 '밝은 불빛'과 같은 것들이 그러하다. 속별성의 속에서 이들은 '기회'와 같은 것이지만 도시의 매력은 그렇게 무미건조한 개념에 의해 전달되는 내용을 훨씬 넘어선다. 이처럼 생동감 있는 매력은 속별적 사고로 규정되는 도시의 역동성에 추가적인 장식을 입힌다. 도시에서의 모든 경험은 매번 다르다. 이런 경험의 핵심 특징은 예측불가능성이다. 도시는 무한히 다양한 환경인 동시에 짜릿하고 위험하다. 이런 연유로 도시는 수많은 소설에서 중요한 역할을 담당해왔다. 그것은 단지 행위의 배경일 뿐 아니라 종종 그 자신만 역할을 맡은 하나의 배역으로 출현한다. 픽션에 대한 세밀한 분석은 내가 손대기 어려운 영역이다. 문학비평은 내 전문분야가 아니다. 이는 나조차 접근하지 못했던 분야로 독자를 초대하는 셈이다. 다만 피상적으로나마 내가 내가 가지고 있는 생각은 SF 장르가 도시를 잘못 묘사하는 경우가 많다는 점이다. 하지만 이러한 성찰은 도시를 이해하기 위해 우리가 통상적으로 주목하는 대상, 즉 도시를 연구하는 사회과학자들만이 아니라 그 바깥까지도 살펴볼 필요가 있음을 시사한다.

논픽션 텍스트로 돌아오면 오랫동안 나는 도시를 중심 소재로 다루는 탐사 저널리스트의 연구를 높이 평가해왔다. 가장 뛰어난 보도는 저널리스트가 개인적으로 친밀한 관계를 맺고 있는 도시의 복잡성을 파헤칠 때 이뤄진다. 때로는 회고록을 통해 혹은 가족의 문화적 뿌리를 밝히는 글을 통해 이들은 '자신의 도시'가 갖는 복잡성과 특이성을 좋게든 나쁘게든 있는 그대로 드러낸다. 또한 과거의 특정 도시를 연구하는 역사학자와 고고학자도 있다. 이들은 도시의 기록보관소나 유적지 등에서 찾은 증거를 재구성하여 도시에 대한 독특한 이해를 제공한다. 또한 이들은 종종 경제적, 문화적, 정치적 텍스트와 유물들을 연결함으로써 도시의 발전사를 고유한 그리고 전체적으로 바라보는 독창적 시각을 제공하기도 한다. 이 모든 것이 도시의 종별적 특성을 규합하여 그에 대한 속별적 이해를 발전시키려는 나의 목적에 활용할 수 있는 다채롭고 풍부한 학문적 자산이다.

내가 취하는 기본 입장은 도시의 고유성이 다섯 가지의 속별적 특성과 그들 간 상호작용에 의해 독특하게 발전한 결과라는 것이다. 이로 인해 경이로울 정도로 다양한 도시들이 형성된다. 하지만 도시의 고유성에 대한 관심을 그에 대한 속별적 이해와 결합시키는 일은 간단하지 않다. 왜냐면 이는 서로 다른 지식을 다루는 일이기 때문이다. 그렇다고 해서 양자가 서로를 보완하지 못한다는 의미가 아니다. 하지만 그 결과는 속별과 종별의 통합이 아니라 뒤섞임이다. 속별적 지식은 이 책의 기저에 놓인 구조를 제공한다. 아래 장들은 도시 간 상호작용을 규정하는 다섯 가지의 특성을 명료화하는 주제들의 연속으로 구성되어 있다. 종별적 지식은 도시 인사이트 (City Insights)라 불리는 일련의 짧은 삽화로 제시되는데 각각은 특정 도시에 대한 혹은 그로부터 얻은 뛰어난 직관을 제공한다. 이들은 본문 곳곳에 산발적으로 배치되어 있어 각 장을 읽으면서 곱씹을수 있도록 되어 있다. 이를 통해 속별적 사유가 고유한 사건의 발생과 마주하게 될 것이며 종별적 사유는 보다 넓은 이해와 나란히 놓이게 될 것이다. 이 장의 말미에는 도시 인사이트의 첫 두 편이 소개되는데 하나는 언론인의 글이고 다른 하나는 역사가의 글이다. 둘은 대안적 지식의 첫 번째 상을 제공한다. 하지만 이와 더불어 개별 독자는 도시에 관한 자신만의 경험을 재평가함으로써 서로 다른 지식 사이에서 연결고리를 스스로 만들어내면서 시작해야 한다.

예비적 단서들

고급 입문서를 표방하는 이 책은 도시에 관한 독자의 기존 지식을 증진시킬 뿐만 아니라 독자와 상호작용할 수 있는 텍스트여야 한다. 이를 위해 이 책은 어떤 방향성을 가져야 하는가? 바라건대 이 책은 더 깊은 이해로,

때로는 기존의 통념을 기각하는 방식으로, 그리고 우리가 알고 있는 내용만이 아니라 앎을 획득하는 방식을 항상 비판적으로 평가하는 방향으로 나아가야 한다. 이는 이후의 장들에서 다룰 내용에 대한 단서가 도시의 기초를 다루는 이 서론의 장에 포함돼야 함을 의미한다. 교과서적 주장의 주요 단서는 종종 책의 마지막에 위치하는데 이는 세상이 그에 대한 체계적 지식보다 더 복잡함을 독자들에게 알려주기 위해서이다. 이 맥락에서 도시에 관해 이 책에서 내가 주장하는 모든 내용 역시 지나치게 깔끔하게 정리되어 있다는 점 그리고 복잡한 현실을 의미있지만 제한된 범위의 조각들로 나눈 것에 불과하다는 점이 언급되어야 한다. 도시 인사이트는 이런 내적 문제를 완화하기 위한 시도지만 본질적으로 그것 또한 제한된 범위를 갖는다. 이에 독자가 이 책을 읽는 동안 비판적으로 인식해야 할 네 가지의 주요 단서를 아래에 제시한다.

첫째, 엄밀히 말해 이것은 도시연구(urban studies)에 관한 책이 아니다. 머리말에서 나는 관련 문헌의 규모를 가늠하기 위해 학술지와 저서를 검색하면서 '도시적(urban)'과 '도시(city)', 그리고 그 파생용어까지 모두 사용했다. 이 용어는 흔히 혼용되지만 사실은 서로 다른 사고방식을 함의한다. '도시적'이라는 개념은 본질적으로 장소에 기반한다. 이는 '촌락적(rural)'이라는 또 다른 유형의 장소와 대비되며 20세기에는 '교외적(suburban)'과도 대조된다. 장소로 정의된 '도시적'은 도시화(urbanization)로 측정가능하다. 후자는 한 국가의 인구 중 도시 지역에 거주하는 인구의 비율과 동일하다. 하나의 변수로서 그것은 다른 변수와 함께 국가 간 차이를 기술하는 데 사용된다. 반면 도시(city)라는 개념은 훨씬 미묘하다. 이는 하나의 장소로 조망되지만 단순히 경계 지을 수 없는 기능적 장소로 이해된다. 도시는 흐름의 공간 속에 위치하며 이 속에서 경계는 장애물 혹은 기회로 인식될 뿐 도시 자체를 정의하지 않는다. 도시는 활동적이고 다중의 생명력이 있는 결절점이다. 내가 말하는 네 가지의 전제 조건은 '도시적' 혹은 '도시화'를 넘어 도시를 과정으로 조망하는 나의 선택에서 유래했다.

이런 선택은 단순한 말장난이 아니다. 그것은 주제에 대한 서로 다른 접근법을 구분한다는 점에서 결과에 있어서도 중요한 차이를 만든다. '도시적인' 것을 연구한다는 말은 도시가 그것을 내포하고 있는 사회의 반영이라는 점을 함의한다. 이는 종종 그 형용사가 특수한 유형을 묘사하는 데 사용된다는 점에서 명확히 드러난다. 예컨대 자본주의 도시나 인도의 도시와 같은 개념은 서로 매우 다른 방식으로 그 도시가 더 넓은 사회적 과정의 결과임을 전제한다. 그에 반해 도시를 흐름의 공간으로 조망하는 관점은 사회를 만드는 것이 도시임을 함의한다. 의존적인 것은 도시가 아니라 사회다. 이는 도시에 관한 연구(study of cities)를 사회의 모든 측면으로까지 확장할 수 있게 한다. 왜냐면 도시는 더 넓은 사회적 전체를 부추기기 때문이다. 그에 반해 도시연구(urban studies)는 정의상 도시적인 것들(things urban)만을 다루며 이를 통해 비도시적 장소나 비도시적 스케일에서 벌어지는 사안 혹은 과정에 대한 여타 주제를 놓치게 된다. 이 구분이 절대적인 것은 아니지만 양자 간 구분 중 도시(city)의 입장을 취함으로써 이 책은 표준적 도시연구를 넘어서까지 나아갈 수 있는 자유를 취한다는 이점을 누릴 수 있다. 앞서 도시의 힘과 도시-국가 간 관계를 도시의 기본적인 특징으로 보여줬던 것처럼 말이다. 여기서의 단서는 독자가 이 책이 사회이론에 기반하고 있음을, 하지만 그 사회이론은 통상적인 것으로부터 명백히 벗어난 것임을, 즉 많은 이들이 생각하는 것과 달리 거꾸로 된 사회이론에 기반하고 있음을 알아야 한다는 것이다.

두 번째 단서는 도시적이 아니라 도시를 택한 또 다른 이유에서 유래한다. 도시적이라는 개념은 도시의 역동성이나 활력을 축소한다. 그러나 도시의 실질적 성공은 실로 경이로운 것으로 해석될 수 있으며 이는 오늘날 지구적인 도시세계(urban world)에서 절정에 이르렀다. 하지만 이 맥락에서 도시에 초점을 맞추는 것은 그에 대한 소박한 찬양에 머무르는 게 될 수 있다. 이는 도시 과정(city process)을 도시적 성장(urban growth)으로만 정의하는 것을 함의한다. 도시는 더 빨리 그리고 더 크게 성장할 수 있는 능력으로 인해 다른 정착지와 구분된다. 일부 도시는 성장을 멈추거나 사라지기도 하지만 초점은 대개 좋은 시절, 즉 성장의 에피소드들에 맞춰진다. 사실 쇠퇴 중인 현대 도시에 관한 초점도 대개는 다시 성장을 시작해서 다시 '적절한 도시'가 되는 것에 맞춰져 있다. 결국 이는 성장이 정의되는 방식의 문제다. 도시의 성공 스토리에는 언제나 희생자가 있으며 그들은 보통 무시된다는 점에 유의해야 한다. 도시는 결코 모두를 위한 번영의 낙원이었던 적이 없으며 각 도시는 저마다의 어두운 면을 갖는다. 이는 때로 감춰지지만 빈곤이라는 모습으로 도시의 내부와 외부 모두에서 흔히 발견된다.

도시에 초점을 맞추는 데는 또 하나의 난해한 언어적 단서가 따른다. 이는 도시에 관한 여러 저술에서 빈번히 발생하기에 많은 이에게 오해의 소지가 있다고 알려져 있지만 동시에 피하기 어려운 사안이기도 하다. 그것은 바로 물화(reification), 즉 과정을 사물로 전환하는 것이다. 나는 도시가 언제나 과정 중에 있는 작업이라 주장해왔지만 도시라는 단어를 반복해서 언급하면서 이런 관점을 제시하고 유지하는 것은 쉬운 일이 아니다. 이는 문장이 동사를 중심에 두고 주어와 목적어를 배치하는 방식으로 구성될 때

발생하는 우리 언어의 일반적 문제이다. 그것은 단절된 함수로 구성된 단순한 인과관계적 세상을 그린다. 따라서 우리는 도시가 복잡한 전체이기보다 하나의 고유한 행위자인 것처럼 도시가 이런저런 일을 했다는 식으로 말하게 되는 경향이 있다. "맨체스터가 산업혁명을 주도했다"거나 "디트로이트는 다른 어떤 도시보다 자동차를 잘 만들었다"과 같은 문장은 둘 다 물화이다. 물론 둘 중 어떤 도시도 그런 일을 하지 않았다. 도시는 그런 일을 '하지' 않는다. 두 사례 모두 도시의 일부에서 전개된 하나의 과정이 지배적인 위치에 오르게 되어 물화가 설득력이 있는 것처럼 보이게 만든 것이다. 무엇인가를 '하는' 도시에 관한 언급은 정책의 맥락, 즉 시정부가 무엇인가를 수행하는 것을 말할 때 타당할 수도 있다. 그러나 이 경우에는 '시청'이나 '지방정부'라는 표현이 최상이다. 하지만 도시 과정의 복잡한 전개를 언급할 때 이런 표현은 완전히 적절하지 않다. 그러나 우리의 언어는 거기 있는 것이고 물화는 더 쉬운 독해를 가능케하며 더 수월한 독해는 그 자체로 좋은 것이다. 문장이 들어가 있는 문맥이 명료하게 설명된다면 우리는 도시의 물화도 복잡한 과정을 위한 편리한 지름길로 받아들일 수 있다. 그러나 어찌되었든 저자에게나 독자에게 요점은 도시를 단순하게 사고하는 함정에 결코 빠지지 않아야 한다는 것이다.

마지막 단서는 학자의 위치성(positionality), 즉 우리는 누구이며 무엇을 배웠고 그로부터 어떤 영향을 받았는가라는 난제이다. 도시를 이해하는 데 있어 이는 특히 심각한 문제다. 왜냐면 보통은 특수한 도시만이 각별한 중요성을 갖는 것으로 부각되곤 했기 때문이다. 이는 일종의 "모든 길은 로마로 통한다"과 같은 사고방식인데 같은 것이 파리, 빈, 뉴욕, 시카고 혹은 로스앤젤레스에도 적용가능하다. 그러한 특정 도시를 부각시키는 이가 어디서 왔던 '서구'의 '근대' 도시를 각별하게 활력있는 것으로 강조하는 행태에도 같은 것이 적용가능하다. 그렇다면 지금껏 도시에 관한 속별적 접근을 강조한 나의 주장은 어디에 위치하는가? 도시의 종별성에 대한 추가만으로는 충분하지 않다. 그것들 역시 내가 선택한 것일 뿐 아니라 나의 해석에 기반한 것이기 때문이다! 내 사고에는 세 가지의 비판적인 그리고 사전적인 편향이 존재한다. 첫째는 복잡성을 다루기 위해 과정을 강조하는 것이고 둘째는 우리 모두는 먹고 살아야 하기 때문에 유물론적 관점에서 출발하는 것이며 셋째는 오직 자신이 현재 경험한 것만을 의미있는 것으로 강조하는 '현재주의자(now-ists)'를 경멸하면서 견고한 역사적 지향을 갖는 것이다. 안타깝게도 세 번째 관점에서는 세대가 바뀔 때마다 새로운 해석이 나오기 마련이다. 하지만 이는 나로 하여금 '포스트-뭐시기(post-something)'와 같은 학술적 선언을 경계토록 한다. 그것은 그 다음에 무엇이 올 것인가와 같은 당연한 질문을 하기 때문이다. 만약 여러분이 '포스트-아무 것(post-anything)'의 연쇄를 모두 허용하지 않는다면 '포스트-어떤 것(post-something)이란 역사의 종언을 함의할 뿐이다. 이는 상상도 하기 싫은 일이다. 위치성도 정직과 겸손을 통해 잘 관리될 수 있다. 하지만 위치성이 존재한다는 것이 간과되어서는 안 된다.

이 네 가지의 단서는 이후 각 장들의 내용이 전개될 때 독자의 마음 속에 늘 자리해야 한다. 이들은 마지막 장에서 다시 한 번 명료히 다뤄질 것이다.

도시 인사이트 A

라미타 나바이의 테헤란

"테헤란에서 살아남으려면 거짓말을 해야 한다". 이는 테헤란에서 진실을 모색하던 라미타 나바이(Ramita Navai, 2014)가 쓴 『거짓말의 도시』(City of Lies, xiii쪽)에서 가져온 인용구다. 그녀는 1979년의 이란 혁명 직후 나라를 떠난 이란의 정치 엘리트 가문에서 태어났다. 이후 영국에서 성장한 그녀는 국제적인 저널리스트가 되어 2000년대 테헤란으로 돌아갔다. 다양한 계층의 시민들과 복수의 인터뷰에 기반한 그녀의 책은 억압적 종교 국가 아래서 삶을 영위하는 사람들의 '삶과 성 그리고 죽음'에 대한 여덟 가지의 상반된 이야기를 들려준다. 그녀는 스스로를 "외부인이지만 여전히 테헤란 사람"이라고 묘사한다(280쪽).

나바이는 그녀가 다룬 인물이 생존을 위해 거짓말을 한다고 말한다. 그들은 타고난 거짓말쟁이가 아니다. "도덕은 그 문제에 들어가지도 않는다"(xiii쪽). 이는 그 도시의 모든 계급과 종교적 신념 수준을 아우르는 삶의 전반적 특징이다. 이란 이슬람 공화국(The Islamic Republic of Iran)은 강력한 종교적 정체성과 결합된 국가장치를 만들어 지속적인 위협 분위기를 조성한다. 따라서 이 거대 도시에서 살아가는 모든 이에게 위험 분석은 삶을 영위하기 위한 필수적 요소이며 부패는 그 위험을 완화시켜주는 주요 수단으로 만연해 있다. 이는 다시 예상치 못한 결과로 이어진다. 정치가 "도시의 구석구석에서 행해지는 대화"에 침투하여 사람들로 하여금 "자신은 무력한 방관자가 아니다"라는 믿음을 갖게 한다(46쪽). 그러나 악마는 디테일에 있고 8백만이 넘는 인구를 가진 이 도시에는 그러한 디테일이 넘쳐난다. 이는 그 어떤 억압적 국가도 통제할 수 없는 양이다.

나바이는 테헤란의 지리에 대한 간략한 소개로부터 시작한다. 중심축은 남쪽의 기차역에서 북쪽의 산기슭까지 뻗은 긴 도로인 발 아스르(Val Asr)다. 이 도로는 1920년대 도시 현대화 사업의 일환으로 조성되었는데 나바이의 표현을 빌리면 그것은 두 개의 서로 다른 '나라'를 연결한다(281쪽). 남쪽은 가난한 노동계급 지역이고 북쪽은 '테헤란의 첼시, 나이트브리지, 메이페어'들이 포함된 '북테헤란의 거품'이다. 후자는 "전통과 계급이 뒤섞이고, 결국 돈에 의해 지배되는 새로운 테헤란"이다(257쪽). 그러나 이곳 역시 국가의 영향에서 완전히 자유롭지는 않다. 잘못 흘러간 뇌물로 인해 부유한 가문의 결혼식 파티가 퇴폐적인 사치를 이유로 급습당하는 일이 벌어진다. 반면 테헤란의 '어두운 구석들'(281쪽)은 남쪽에 위치해 있다. 이곳은 두 가지 양상을 보인다. 하나는 도덕을 자율적으로 단속하는 신실한 노동자 가정들이고 다른 하나는 범죄 조직과 지역 경찰이 공동 운영하는 우범지대다.

발 아스로를 따라 북쪽으로 이동하면 물질적 성공의 명암이 점진적으로 드러난다. 그러나 그 중간 지대에서의 욕망은 매우 위험하다. 이곳에서는 도덕 경찰이 부적절한 복장의 젊은 여성들을 겨냥해 태형 또는 뇌물을 요구하는 행위를 자행한다(83-84쪽). 또한 이곳은 종종 북부의 거품이 터지는 곳이기도 하다. 이는 번화가에 놀러온 부유층 자제들에 의해 행해지는데 그것은 전 세계 비슷한 젊은이들의 공통적 현상이다. 나바이는 이곳을 "테헤란이 여전히 생동감과 활력을 지닌 장소"로 묘사한다(262쪽). 이 지역에는 서구 브랜드가 가득한 대형 쇼핑몰이 있고 과시적 소비가 만연했다(154쪽). 거기에 불법적 요소와 극도로 조심하는 요소가 뒤섞인 활기찬 엔테테인먼트 산업이 더해졌다.

그러나 테헤란은 그 나름의 독특한 집적 과정도 가지고 있다. 이슬람 점술 산업은 재산, 상속, 간통, 이혼 등 삶의 중요한 문제에 대한 전문적 조언을 제공한다. 이는 때로 상당한 금액의 수수료를 받고 물라들(mullahs, 이슬람 시아파 지역의 성직자들)이 제공하는 서비스인데 일부는 전화 상담을 위한 조수들을 두고 있다. 한 점술가는 손님들을 대상으로 '코란을 속독하며' "증권거래상보다 빠르게" 상담을 진행한다고 묘사된다(58쪽). 이 외에도 '유명 성직자들(celebrity clerics)'이 제공하는 도덕 교육이 있는데 그중 한 명은 흰색 벤츠를 소유하고 있다(207쪽). 이와는 완전히 대조적으로 물라들은 성매매 서비스에도 연루되어 있는데 이들은 단기 결혼과 이혼이라는 형식을 통해 성매매를 정당화한다. 여기서는 이혼 비용이 성매매의 요금에 해당한다.

또한 테헤란에는 대규모 성형외과 산업이 있는데 코수술은 젊은 세대 남녀 모두에게 거의 필수처럼 보인다. 신체의 다른 부위들도 유사하게 성형된다. 이는 "테헤란에서 섹스가 반란의 행위"가 되는 세계에서 행해진다. 많은 젊은이들이 오직 "섹스에서만 진정한 자유를 느낀다"고 하는데 이는 "항상 치명적인 위험이 따르는 저항의 형태"다(179쪽). 그에 따른 결과를 바로잡기 위한 의료진도 있다. 예컨대 봉합의(Dr Sew-up)는 결혼을 앞둔 여성들의 처녀막을 복원한다(263쪽).

테헤란은 또한 특정 집적의 부재로도 특징지어진다. 그것은 바로 학자와 지식인의 부재다. 이는 "세계에서 가장 극적인 두뇌 유출"(261쪽)의 결과다.

이렇듯 우리는 도시의 특수성이 국가와의 관계에서 비롯된 것임을 분명히 볼 수 있다. 그러나 그렇다고 해서 이 도시가 "이슬람의 통치 아래 그 생명력이 억눌린 도시"(4쪽)인 것일까? 이후 나바이는 번화가에서 "도시의 영혼"(262쪽)을 발견하고 발 아스르를 따라 위쪽으로 올라갈 기회를 마다한 채 거리의 자유를 지키는 실용적인 시민들을 묘사한다. 북테헤란에는 이런 자유가 없다(136쪽). 이러한 감정은 많은 도시들에서 공통적으로 나타나는 정서이기도 하다. 그리고 테헤란은 그 특유의 '거짓말하는 병리'를 도시 바깥의 소도시와 마을까지 확산시키고 있다(xiii-xiv쪽). 그럼에도 테헤란은 멋지고 생동감 넘치는 도시이다. 이에 나바이는 책의 마지막에서 자신이 테헤란을 사랑한다고 선언하며 마무리한다(281쪽).

티모시 브룩의 페르메이르, 델프트, 그리고 지구적 세계

1660년대와 1670년대의 델프트(Delft)는 건국된 지 겨우 반세기 남짓된 소국 네덜란드 공화국의 소도시였다. 그런데도 중국사 역사학자인 티모시 브룩(Timothy Brook)은 다음과 같이 주장한다. "델프트는 혼자가 아니었다. 그것은 전 지구로 뻗어나가는 세계 안에 존재했다." 이것이 바로 그의 저서 『페르메이르의 모자: 17세기와 세계화 시대의 여명(Vermeer's Hat: The Seventeenth Century and the Dawn of the Global Age』(2008, 10쪽)의 핵심 메시지다. 델프트는 위대한 네덜란드 화가 요하네스 페르메이르(Johannes Vermeer)의 고향인데 브룩은 그의 그림 다섯 점과 도자기 접시에 그려진 이미지 하나, 그리고 또 다른 델프트 화가의 작품 하나를 분석하여 새로운 세계화 시대의 형성을 이해하고자 한다.

"페르메이르는 델프트의 반경 25킬로미터 이내에서 태어난 사람 외에 아무도 그리지 않았다"(210쪽). 그렇다면 이 상황에서 당시의 세계화에 대한 이해는 어떻게 가능한가? 브룩의 방법론은 페르메이르의 그림에 등장하는 소품들에 주목하는 것이다. 이 사물들은 분명 훨씬 먼 지역에서 온 것들이다. 그는 이러한 사물들을 "세계를 여는 문"(9쪽)으로 삼아 더 넓은 세계를 들여다본다. 그리고 페르메이르의 부르주아적 생활을 떠받쳤던 삶과 죽음, 노동의 이야기들을 풀어낸다. 예컨대 책 제목에 등장하는 모자는 〈장교와 웃고 있는 소녀(Officer and Laughing Girl)〉라는 그림에 등장하는데 이는 당시 유행하던 의상을 만들기 위해 캐나다 원주민 부족으로부터 비버 모피를 사들이던 이야기로 이어진다(43쪽). 그런데 브룩은 돈의 흐름을 추적하며 이익금이 세인트로렌스 강과 오대호를 통해 중국으로 가는 중간 항로를 찾기 위한 추가적인, 그러나 실패했던 탐사에 사용되었다는 사실을 밝혀낸다(46쪽). 그의 일반적인 주장은 "중국에 도달하려는 탐구는 17세기를 형성한 집요한 힘이었다"는 것이다. 따라서 "이 책의 모든 이야기 뒤에는 중국이 숨어 있다"(19쪽). 이러한 이야기들은 은, 담배, 사람, 도자기의 무역과 관련된 소품들에서 비롯된다. 따라서 중국사를 전공한 학자가 델프트에서의 노동에 관한 책을 쓴다는 것이 처음에는 이상하게 보일 수 있으나(230쪽) 사실 그는 이 새로운 세계, 즉 세계화된 세계를 이해하기에 이상적인 위치에 있다.

델프트는 출발 지점으로서도 적합하다. 왜냐면 이곳은 네덜란드 동인도회사 지부가 있었던 여섯 개 도시 중 하나로 글로벌 경제의 주요 행위자였기 때문이다. 브룩은 그의 책을 페르메이르의 작품 〈델프트 풍경(View of Delft)〉에서 시작하는데 이는 도시의 상업 중심부에 있는 동인도회사 건물의 지붕을 가리킨다(15쪽).

브룩은 불교 신화에 등장하는 인드라망(Indra's Net)을 사용해 이 새로운 세계의 상호연결성을 설명한다(123쪽).

> 이 망은 계속해서 커지고 있다 … 실의 밀도가 증가함에 따라 그물이 점차 확대되고 복잡하게 얽히고 있으며 동시에 점점 더 연결되고 있다. 이 망 위에서는 수많은 '직공'과 중심지가 있는데 그들이 만든 망은 모든 장소로 균등하게 확장되지 않았다. 어떤 장소들은 그 위치나 생산물, 또는 그곳에 반입된 물건 때문에 더 많은 혜택을 보았다.

이는 포르투갈 선박의 승선자 명단에서도 드러나는 놀라운 인간 군상을 포함한다. 이 배에서는 본국 선원이 오히려 소수였으며, 일본인, 다른 유럽인, 무슬림 인도인, 필리핀인, 아랍인, 아프리카인, 유대인 등이 다수였다(94쪽). 브룩은 이 모든 이야기를 무역, 평범한 사람들, 국가에 관한 것이라고 설명하지만(222쪽), 사실 이는 도시들과 그들 사이의 경로, 즉 노드와 링크로 구성된 그의 인드라망 비유를 충분히 설명하지 못한다. 그가 언급한 도시들의 목록은 다음과 같다: 아카풀코, 암스테르담, 앤트워프, 아리카, 반탐, 바타비아(자카르타), 베이징, 부에노스아이레스, 광저우, 델프트, 푸안, 고아, 헤이그, 징더전, 리스본, 마카오, 마닐라, 파리, 포토시, 퀘벡, 로테르담, 세비야, 상하이, 쑤저우, 베네치아, 장저우. 이들은 마카오-마닐라, 아카풀코-마닐라, 암스테르담-바타비아, 리스본-마카오 같은 주요 무역경로를 포함한 수많은 연결고리로 얽혀 있다(87-88쪽). 여기서 나는 "망의 다른 실" 중 하나인 "말과 사상의 이동"(124쪽)에 집중하려 한다. 이는 징더전(Jingdezhen)과 델프트 사이의 연결이다.

징더전은 중국 최고의 도자기 생산 및 수출 도시로 수세기 전 페르시아 시장의 취향에 맞춰 개발한 청화백자로 명성을 얻었다(61-62쪽). 이 고급 제품은 17세기에 유럽에 도달하며 사치품으로 여겨졌다. 델프트에서는 이 제품의 대체품이 생산되었는데 이는 단순한 수입 대체 목적이 아니라 수출을 위한 것이었다. 중요한 점은 "델프트 도공들이 단순히 모방만 한 게 아니라 혁신했다"는 것이다. 예컨대 델프트 부르주아 계층의 신축 주택을 위한 청화백자 벽 타일이 대표적이다(78쪽). 그 결과 도시 노동력의 4분의 1이 이 새로운 산업에 종사하게 된 경제적 붐이 일어났다(78쪽). 이리하여 중국 스타일, 네덜란드 생산의 델프트웨어(delftware)가 탄생한 것이다.

도자기 산업은 델프트 회화 학파와 더불어 이 작은 네덜란드 도시에서 전 세계적 영향을 미친 두 개의 주목할 만한 도시 집적을 형성했다. 그러나 아이러니하게도 이러한 성공적인 전문화는 중국의 쌍둥이 도시 징더전과 마찬가지로 도시의 추가 성장을 제한했을 수 있다. 두 도시는 오늘날 비교적 소도시로 남아 있다.

마지막으로 브룩의 주장처럼 국가를 논의에 포함시켜야 한다. 도시는 항상 상업 활동을 파괴하는 국가 정책에 취약하다. 일본 도쿠가와 막부의 자급자족 정책은 마카오의 쇠퇴로 이어졌고 이는 다시 마닐라에 타격을 주었다. 이때 중국과 스페인 역시 무역을 제한했다(178쪽). 여기에 페르메이르가 1675년 43세의 나이로 요절한 사건을 덧붙일 수 있다. 그의 생계는 그림을 구매할 고객들에 달려 있었고 이는 번영하는 지역 경제를 전제로 했다. 그러나 1672년 프랑스가 네덜란드를 침공하면서 구매와 의뢰가 끊겼고 그는 사실상 파산했다. 브룩은 "페르메이르를 죽인 것이 어쩌면 그에게 경력을 만들어준 바로 그것, 즉 전 세계에 걸친 경제 네트워크에서 델프트가 차지한 위치였을지도 모른다"(230쪽)고 추측한다. 이 네트워크가 무너지자 델프트의 유명한 회화 집적도 함께 무너졌다.

2장
—

문명 발생지로서의 도시

서론: 복수의 문명들

앞서 언급한 것처럼 도시와 문명은 밀접하게 연관된 개념이며 전자는 후자를 규정하는 데 있어 중요하게 활용된다. 이런 관계는 문명 탄생기에 가장 명확하게 드러난다. 문명은 상대적으로 넓은 지역에서 복잡한 삶의 방식을 창출하는 주체인 도시와 함께 출현했기 때문이다. 이 관계에 관한 초기 설명인 19세기의 논의는 이런 촉발 과정을 상대적으로 드문 현상으로 간주했다. 그에 따르면 소수의 시원적 문명이 존재했고 그로부터 모든 것이 유래했다.

하지만 이 표준적 설명은 후속 연구에 의해 기각되었다. 세계 각지의 새로운 지역에서 새로운 도시들이 발견되었는데 이는 문명을 매우 배타적인 소수의 클럽으로 여기는 사고방식의 토대를 허물었다. 새롭게 발견된 도시들이 도시적 실천의 확산 결과인지, 아니면 그 자체로 새로운 도시가 발명된 것인지에 대해서는 논쟁이 존재한다. 그러나 이는 이 글의 주요 주제가 아니다. 내 논의는 인간이 정착한 모든 주요 대륙에서 도시가 상호 네트워크를 맺으며 발전했으며 이것이 근대 문명이라는 지구적 스케일의 도시 네트워크로 귀결되었다는 가정을 바탕으로 진행된다.

이처럼 여러 경로로 도시화가 일어난 세계에서 나는 두 가지의 대조적 사례에 주목한다. 첫째는 메소포타미아 문명이다. 이 지역은 한 세기가 넘는 기간 동안 발굴되고 분석되었다. 따라서 그 지역에 대한 연구의 전통은 엄청나다. 그러한 연구에서 이 지역의 도시는 풍부하고 복잡한 사회를 창출한 문명의 기원이자 주체로 인식된다. 따라서 우리는 다른 어떤 곳보다도 이 지역에서의 문명 탄생에서 도시가 수행한 역할에 대해 더 많이 알고 있다. 둘째는 가장 최근 새롭게 도시가 발견되어 그 문명에 대해서도 아직 완전히 알려지지 않는 지역이다. 항공기 적외선 영상 촬영이라는 새로운 고고학적 기법에 의해 아마존강 유역에서 새로운 거대 도시들이 발견되었는데 이는 콜롬버스 이전에도 아마존 문명이 존재했다는 증거이다. 그러나 우리는 유럽 세력이 아메리카 대륙에 본격적으로 진입하기 전 전염병으로 멸망한 것으로 보이는 이 도시화에 대해 상대적으로 적은 지식만을 보유하고 있다. 하지만 이로 인해 문명에 대한 오랜 통념 중 많은 부분에 흥미로운 수정이 이뤄지고 있기도 하다.

나는 앞 장에 제시된 도시의 다섯 가지 규정적 특징인 과정, 집적, 연결, 권력 투영 그리고 국가와의 관계를 활용하여 두 지역의 도시를 설명한다. 시공간적으로 매우 다른 두 개의 도시화 과정은 도시의 핵심 특징이 이식 가능한지 그리고 나의 속별적 접근이 적절한지를 확인하는 데 상당히 유용하다.

수메르의 도시와 국가

최초의 메소포타미아 도시들은 티그리스강과 유프라테스강이 페르시아만으로 흘러들어가는 극남부 지역에서 발견된다. 이곳이 수메르인데 기원전 4천년기에 바로 이곳에서 도시가 출현하여 3천년기 들어 만개했다. 이문명의 규모에 대한 개괄적 정보 제공을 위해 나는 조지 모델스키(George Modelski, 2003)가 5천년이 넘는 기간 동안 도시의 인구를 추산하여 작성한 목록을 활용해왔다. 그는 초기의 수세기 동안 추정 인구 10,000명 이상인 도시들을 목록화했는데 그 결과 중 일부가 〈표 2.1〉과 같다. 이 표에는 기원전 2100년까지 인구가 40,000명 이상이었던 다섯 개의 도시가 나와있다. 이 도시들은 도시 세계의 변화 과정을 개괄적으로 보여준다. 최초의 거대 도시는 가장 남쪽에 위치한 우르크인데 이 도시의 인구는 기원전 4천년기에 4만 명 그리고 3천년기 초에는 8만 명에 이르렀다. 이것이 세계 최초의 거대한 메트로폴리스이다. 물론 이런 도시는 고립된 상태로 존재하지 않았다. 기원전 2800년을 기준으로 다른 도시들까지 고려하면 25만 명이 넘는 인구가 매일 식량 공급을 받아야 했고 일상적 소비에 필요한 물자를 필요로 했으며 각자가 종사한 노동에 필요한 자재 또한 매일 요구되었다. 또한 이러한 생산과 소비를 가능케 하는 조직과 운송의 기반시설도 필요했다. 간단히 말해 이는 거대하고 집합적인 과업이었다. 이후의 도시화 과정에서 우르크는 점진적으로 쇠퇴하여 기르수, 라가시 그리고 움마 간의 경쟁에 의해 대체되었다. 이는 주로 유프라테스강 흐름의 변화와 관련이 있었다. 그러다 우르가 세계 최초로 인구 10만 명에 도달한 도시가 되었다. 따라서 우르는 수메르에서 두 번째로 출현한 거대 메트로폴리스였다. 또한 그것은 수메르 지역을 훨씬 넘어서는 광활한 제국의 수도이기도 했다. 이는 수메르 지역에서 초창기에 발생한 일들의 정치적 귀결이다. 그러한 결과로 더 적은 수의, 하지만 더 커진 도시들의 네트워크가 형성되었다.

〈표 2.1〉 수메르의 도시들

	기원전 3300년	기원전 2800년	기원전 2500년	기원전 2500년
기르수(Girsu)	-	-	-	80,00
라가시(Lagash)	-	-	60,000	-
움마(Umma)	-	20,000	40,000	20,000
우르(Ur)	-	12,000	10,000	100,000
우르크(Uruk)	40,000	80,000	40,000	30,000
여타 도시들	20,000	156,000	140,000	70,000
전체 인구	60,000	268,000	290,000	300,000
도시의 수	3	11	13	9

이 새로운 도시 세계의 물적 기반은 두 가지 원천에서 유래했다. 첫째, 도시를 둘러싼 토지들이 관개에 바탕을 둔 농경적 배후지로 전환되었다. 둘째, 수지상 하계망이 도시 간 그리고 그 너머를 잇는 상업활동, 즉 상품과 아이디어의 이동 수단으로 활용되었다. 도시화를 촉진한 것은 바로 이러한 환경적 이점이었으며 이곳에서 집적의 외부효과와 네트워크 외부효과가 함께 작동하여 위대한 문명을 창출했다.

기예르모 알가제(Guillermo Algaze, 2005a)는 이러한 '수메르의 도약(Sumerian takeoff)'을 누적적 성장과정으로 규정한다. 그는 기원전 4천년기의 방직산업을 사례로 설명했는데 이 산업은 양치기부터 털깎기, 빗질, 방적, 직조에 이르는 여러 전문 직종의 발전만이 아니라 생산물을 기록하고 저장하며 유통하는 기반시설 그리고 일꾼에게 주거를 제공하고 생계물자를 배급하는 체계를 포괄했다. 이러한 기반시설의 발전에 있어 핵심적이었던 혁신은 토큰, 점토판, 인장을 활용한 회계 관행의 정교화였다. 설형문자(점토판에 기호를 기입하는 문자체계)가 이와 같은 부기수단으로 발전했으며 그 결과 경제활동에 대한 기본 통제가 가능해졌다. 수메르 문명과 관련하여 가장 널리 알려진 문화혁명인 문자의 발명으로 이어진 것은 바로 이러한 행정상의 진전에 의해서였다. 말을 점토판 위에 기입된 의미있는 문자 체계로 전환했던 것은 서기관(scribes)이라는 신종 전문직에 바탕을 둔 지식 산업을 탄생시켰다. 이는 훈련 프로그램과 함께 하나의 거대 산업으로 발전하여 상대적으로 실용적인 문서만이 아니라 신화나 서사시의 형태를 띤 이야기와 같은 최초의 문학을 양산했다. 실용적 문서의 경우 '직함과 직업(Titles and Professions)' 목록이 발견되었다. 행정관, 법률가, 공무원, 사제, 보석세공사, 도공, 제빵사, 동 세공업자 등이 포함된 이 목록은 수메르 도시 응집체의 복잡한 노동분업을 보여준다.

이러한 도시 응집체는 수메르 외부에서 유입되는 물자를 필요로 했다. 예컨대 새롭게 발전한 금속 가공 산업은 이란과 아나톨리아(현재의 튀르키예)의 산악지대로부터 광석 및 반가공된 주괴 형태의 제련된 구리를 수입해야 했다. 이것이 알가제(Algaze, 2005b)가 '우르크 세계체계(Uruk world-system)'라 명명한 것의 기반을 형성했다. 이 체계의 경제적 중심지대는 수메르였다. 이러한 중심부 외부에는 우르크 상인의 교역소와 거주지를 매개로 한 밀접한 교역망이 형성되었는데 이를 통해 종속적 주변부가 구축되었다. 우르크 상인들은 메소포타미아의 수지상 하계망이라는 운송 기회를 최대한 활용하여 상류 메소포타미아만이 아니라 그 너머의 북부 고지대까지 교역을 전개했다. 그들은 북부의 교역 상대를 적극적으로 탐색했는데 이것이 그러한 경제적 과정의 핵심이었다. 우르크 상인들은 비-수메르 지역의 공급자들에게 수메르 내에서 새롭게 그리고 대규모로 출현한, 아울러 점점 더 증가하던 도시의 수요를 소개했는데 이러한 시장에 진입할 수 있다는 유혹은 거부하기 어려운 것이었다. 그러나 거래의 통제권은 전적으로 우르크 상인에게 있었기에 그 관계는 불평등한 교환관계였다. 그것은 수메르의 역동적 도시가 가진 권력의 투영이었다.

그 자체가 문명의 기원이었던 수메르 도시들은 국가 건설과의 관계에 있어서도 새로운 성격을 지닌다. 도시가 상업적 허브로 발전한 현상이 사회질서, 치안 그리고 국방을 제공하는 하향식 정치 메커니즘인 국가의 출현보다 선행했다. 도시의 규모가 커지고 그에 따라 다문화적 성격이 강해지면서 국가건설이 필요해진 것이다. 서로 다른 집단이 밀집된 공간에 공존하면서 필연적으로 사회갈등이 발생했고 이에 대응하기 위해 도시 제도가 변했다. 특히 행정조직의 권한이 왕권이라는 새로운 군사권력에 의해 대체되었다. 번성한 도시는 외부 약탈자의 주요 표적이 되었기에 왕은 보호자가 되었다. 이런 식으로 수메르 도시들은 국가를 발명했는데 이것이 수메르 문명의 두 번째 도시 혁신으로 초기에는 도시국가 형태로 구성되었다. 상업도시에서 도시국가로의 전환은 도시 성벽의 구축을 통해 가시화되었다. 약 기원전 3천 년 무렵 건설된 우르크의 경우 7미터 높이의 성벽을 9킬로미터에 걸쳐 구축했다. 또한 성벽을 따라 900개 가량의 탑을 짓기도 했다. 이와 같은 구조물의 건설을 위해 동원된 막대한 노동력은 왕의 권력을 보여주는 것이었다. 이는 상업적 경제역량이 군사적 국가권력으로 대체되는 과정이기도 했다.

도시국가의 발명은 수메르 지역 내 도시 간 관계를 근본적으로 변화시켰다. 상업도시들은 상보적 관계에 기반한 네트워크를 구성했는데 그 속의 도시들은 일종의 도시연맹 내 동반자로 기능했다. 그에 반해 도시국가들은 서로 경합했으며 이에 군사적 충돌이 발생하기도 했다. 이로 인해 승자와 패자가 나뉘는 계층화된 도시 관계가 나타나게 되었다. 그중 가장 잘 알려진 사례는 유프라테스강의 새로운 물길을 따라 부상한 움마가 주요 기성 도시였던 기르수 및 라가시와 장기적 갈등에 돌입한 사건이다. 니센(Nissen, 1988: 35)의 추정에 따르면 이러한 도시국가 간 경쟁기는 기원적 2800년부터 2350년까지이다. 이후 아카드와 우르라는 두 도시가 각각 서로 다른 시기에 경쟁 도시들을 복속시킴으로써 도시제국(city-empire)를 수립했다. 이런 다중도시국가(multi-city state)의 형성은 새로운 정치적 문제를 야기했다. 패배한 도시들은 성벽이 파괴되어 국가성(statehood)을 상실했지만 여전히 통치가 이뤄지기는 해야 했다. 이것이 지방(province)의 발명으로 이어졌다. 그것은 영토적 정치 혁신이었다. 이를 통해 기존의 도시국가가 원거리 중앙권력, 즉 제국적 도시를 대신하여 통치를 할 총독을 파견하는 중앙집권적 관료제에 의해 종속되게 되었다.

이러한 제국적 성격을 띤 최초의 도시는 아카드(Akkad)인데 그것은 거대 제국을 창조한 최초의 군사 지도자 사르곤 대왕(Sargon the Great)에 의해 통치되었다. 그는 수메르의 모든 도시만이 아니라 메소포타미아 전역, 나아가 그 너머의 지역까지 정복했다. 수메르 북부에 위치한 신흥 도시 아카드는 이후 200여년 동안 전 지역을 아우르는 주요 통신 및 행정 중심지로 기능했다. 그러나 우르크와 같은 수준의 상당한 상업기반을 갖추지 못했던 까닭에 아카드는 대규모 인구를 유치하지 못했다. 모델스키(Modelski, 2003)의 추정에 따르면 기원전 2200년경 아카드의 최대 인구는 3만 명 수준에 불과했다. 아카드의 실제 유적지는 아직까지 발굴되지 않은 상태이다. 아카드의 쇠퇴 직후에는 우르가 100여 년 간 지속된 제국적 중심지로 유사한 역할을 수행했다. 우르의 경우에는 정치적 기능이 오랜 상업적 유산과 접합하였다. 이에 그 규모면에서 우르크를 능가하게 되었다는 점을 앞서 언급한 바 있다. 한 가지 주목할 점은 아카드와 우르의 군사적 제국의 형성이 그 이전 존재했던 우르크의 지배 방식과 근본적으로 상이하다는 점이다. 후자의 경우 군사적 정복이 아닌 상업 활동을 기반으로 한 확장이었기 때문이다. 이렇듯 거대 도시들이 상업중심지 혹은 제국적 수도로 형성되는 이 두 가지 경로는 이후 도시화의 역사 속에서 지속적으로 얽히며 전개되어 왔다.

이처럼 대규모의 도시화가 이뤄진 최초 사례는 세계의 다른 지역에서 도시들이 어떻게 등장했는지를 상상하는 데 있어 유용한 참조틀로 기능할 수 있다. 그러나 이 사례를 단순한 진화적 발전경로로 해석해서는 안 된다. 이 맥락에서 아카드는 유의미한 참조사례의 역할을 한다. 왜냐면 그것은 수메르의 사회적 발전을 그 외부에서 활용하면서 끼어든 사례이기 때문이다. 그러나 핵심 논점은 언제나 경제적 요소와 정치적 요소를 구분해야 한다는 것 그리고 도시와 도시국가를 혼동하지 않아야 한다는 것이다. 강제력에 기반한 과정으로서 국가의 발명은 도시화의 결과인 동시에 도시에 심대한 함의를 지니는 사건이었다. 이후 도시 내 상업 활동은 점증하는 국가권력과 병행하여 발전해야만 했다. 이러한 도시와 국가 간 관계는 이후 세계에서 일어난 그 모든 도시화 과정에서 불변의 특징이었다.

숨겨진 도시화의 발견: 콜럼버스 이전의 아마조니아

메소포타미아 문명을 형성한 수메르 도시에 관한 이야기는 오랜 기간 동안 수행된 연구와 노력 — 유적 발굴과 발견물 해독 — 의 결과를 재서술한 것이다. 이러한 연구에서 도시화는 연구의 핵심을 차지한다. 이러한 도시들 중 일부는 오래 전부터 성경을 통해 알려졌다. 이 도시들은 텔(tell)이라 불리는 지형, 다층적으로 정착지가 축적되어 형성된 고분의 형태로 지표상에 드러난다. 이와는 극명히 대조적으로 고대 아마조니아에서도 도시화가 존재했을 가능성이 있음을 보여주는 최근 연구는 그렇게 명확하게 보이는 지역을 다루지 않는다. 이 지역의 도시들은 두 가지 방식으로 은폐되어 있었다. 첫째는 환경적 맥락이다. 석조 구조물과 금속 유물이 남아 있는 메소포타이마와 달리 목조 구조물에 기초한 아마조니아 문명의 잔존물은 오랫동안 고온다습한 생태계 속에서 소멸되어 왔다. 둘째는 문화적 맥락이다. 근대적 사유 습관 속에서 아마조니아는 소수의 거주민이 자연 생태계에 동화된 채 생활했기 때문에 그것에 어떤 흔적을 남기거나 영향을 미치지 않은 원시림으로 해석되어 왔다. 하지만 최근 들어 발생한 고고학 방법의 진전은 두 가지의 제약을 극복케 했다. 항공 촬영을 통해 상공에서 내려다본 결과 아마조니아의 과거 도시화는 현재 명확하게 목격되고 있다.

아마조니아의 고고학적 조사는 전통적 연구와 다른 방식으로 구성되어 있다. 전통적 연구는 특정 유적지에 초점을 맞춘 후 이를 통해 보다 넓은 경관을 이해하려는 방식인 반면 아마조니아의 고고학자들은 경관 속의 대규모 패턴을 이해하려는 시도에서 출발했다. 이러한 패턴은 처음에는 항공 사진을 통해 드러났으며 현재는 심층 원격 탐사 기술로 더욱 강화되고 있다. 이 패턴은 실로 놀라운 것이다. 클레멘트와 그의 동료들(Clement et al., 2015)은 수백 킬로미터에 이르는 제방로, 수만 개의 고상 농지(raised fields), 다양한 형태의 강 관리 구조물, 그리고 둔덕, 도랑, 벽, 도로로 이뤄진 수많은 정착지 네트워크를 발견한 사실을 보고하고 있다. 이러한 경관 구조물들은 모두 대규모 인력 투입을 수반한 것이다. 이는 거대한 인구 집단의 조직화를 암시한다.

이런 증거는 현장에서도 추가적으로 확인되는데 대표적인 것이 아마존 암토(Amazon dark earth)라 불리는 토양층이다. 이는 두께가 0.5미터에서 2미터에 이르는 매우 비옥한 토양층으로 오랜 세월에 걸쳐 정착지 주변의 폐기물 관리 및 농업 활동(예: 멀칭) 등을 통해 형성된 것이다. 아직 이 암토에 대한 종합적인 조사는 이루어지지 않았지만 아마존 분지의 0.1% 이상을 덮고 있을 것으로 추정되고 있다. 이는 수십만 헥타르에 해당한다. 이 토양층과 함께 흔히 발견되는 것이 도자기 조각, 즉 깨진 토기의 파편이다. 석조 구조물이나 금속 도구가 존재하지 않는 상황에서 이 토기 조각들은 우리가 대규모로 확인할 수 있는 유일한 산업 활동의 증거이다. 그리고 이는 규모 면에서 실로 방대하다. 만(Mann, 2011)은 단 하나의 둔덕에도 수백만 조각에 달하는 토기 파편이 존재할 것으로 추정하고 있다. 이는 다시금 대규모 인구 집단의 존재를 시사한다.

대규모 인구 집단은 식량의 공급을 필요로 한다. 그렇다면 이 비옥한 암토에서는 무엇이 재배되었을까? 이와 관련하여 고고학자들은 작물 유전학자들의 연구를 활용하고 있다. 후자의 연구에 따르면 아마조니아는 세계적으로 중요한 식물 작물화의 중심지 중 하나이며 여기서 작물화된 약 100여 종의 식물에는 마니오크(manioc), 고구마, 담배, 파인애플 등이 포함된다. 이 가운데 절반 이상은 나무류 — 과일, 견과류, 야자류 — 에 해당한다. 이는 아마존 열대우림이 매우 풍요로워 대규모 인구를 충분히 부양할 수 있었음을 분명히 보여준다.

그렇다면 통상적으로 인구가 희박했던 것으로 간주되어 온 이 지역에 대한 새로운 지식을 우리는 어떻게 해석하야 하는가? 안타깝게도 이 지역에서는 문자의 증거가 발견되지 않아 고대인의 목소리를 직접 들을 수는 없다. 그들의 목소리를 메소포타미아에서 그랬던 것과 같은 방식으로 복원할 수는 없는 것이다. 그러나 최근에는 1520년대 안데스 산맥에서 아마존 하구까지 배를 타고 이동한 유럽 원정대의 최초 기록에 대한 관심이 새롭게 제기되고 있다. 이전에는 사실성보다는 허구성이 강하다고 평가받았던 이 기록에는 아마존강 및 그 지류 연변에 수많은 거대 도시들이 존재했다는 기술이 있는데 현재 이 기록들이 재평가되고 있다. 이러한 도시들은 새로운 식량 작물의 생산(식물 작물화)을 유발한 수요를 제공했으며 이는 강을 따라 하나의 혁신으로 확산되었을 것이다. 이 문명은 대서양 횡단 접촉 초기에 유럽인들이 가져온 질병으로 인해 토착 원주민 인구가 몰살되면서 역사 속에서 사라지게 되었다. 이로 인한 인구 감소와 도시 붕괴는 아마존 숲을 훗날 원시적이라고 해석되게 만들었지만 실제로는 과거 도시화의 흔적이 밀림 속에서 매몰되고 소멸된 것이었다. 따라서 고고학 지도상에서 아무것도 없는 것으로 보이는 오늘날의 공백 지역들은 단순히 역사적으로 비어 있는 곳이 아니라 아마도 더 많은 도시를 밝혀낼 수 있는 새로운 연구 기회를 의미한다.

결론적 보론: 과거의 도시화를 넘어선 사고

물론 큰 강과 도시 네트워크의 출현 간의 연결은 매우 오래된 통로이다. 최근까지 수상 이동은 육상 이동보다 훨씬 효율적이었다. 그러한 무역 및 통신 잠재력을 활용하는 과정에서 아마존 유역의 도시화는 메소포타미아만이 아니라 나일강, 인더스강, 중국의 강을 따라 형성된 다른 주요 고대 문명에서 보였던 패턴을 되풀이한다. 여기에 우리는 도시화된 경관에 대한 더 최근 연구를 추가할 수도 있다. 이러한 사례는 메콩강, 니제르강 상류, 그리고 콜럼버스 이전 미시시피강을 중심으로 한다. 그런데 우리는 왜 이러한 오래 전 도시들에 대해 관심을 가져야 하는가? 21세기 들어 대다수의 인구는 도시에 살고 있다. 그렇다면 우리는 우리가 연구하고 이해해야 할 현대적 도시화 과정의 사례를 이미 충분히 가지고 있지 않는가?

서문에서 지식 과부하의 문제를 제기했다는 점을 감안하면 이는 매우 합리적인 질문이다. 하지만 이 고급 입문서에 초기의 도시화를 포함시켜야 하는 몇 가지 이유가 있다. 첫째는 호기심이라는 문제의 중요성이다. 우리는 도시에 살거나 방문하기 때문에 도시를 알고 있지만 그러한 친숙함은 불가피하게 제한적일 수밖에 없다. 이는 도시화에 대한 관심을 불러일으킨다. 그렇지 않다면 당신이 이 책을 읽고 있을 이유가 무엇인가? 하나 아무리 많은 도시를 방문하더라도 그것들은 불가피하게 편향된 표본일 것이다. 역사적으로는 확실히 그러할 것이며, 지리적으로도 그럴 가능성이 높다. 우리는 우리의 경험을 넘어서 이해해야 한다. 이는 호기심에서 비롯되며 모든 연구와 이해의 필수적인 시작점이다. 둘째, 도시를 이해하려고 할 때는 완전성이 아닌 광범위성이 필요하다. 이러한 폭넓은 접근은 인간의 조건에 있어서 도시가 갖는 중심성을 이해하기 위해 필요하다.

고대 도시와 과거 문명의 통합은 매우 명백하다. 이는 도시화의 중요성을 지속적으로 상기시켜 준다. 이런 사고를 현재까지 이어가면 우리는 현대 문명에서 도시의 역할에 대한 질문에 도달하게 된다. 그것은 지구적 기후의 비상사태를 야기한 생활 방식이다. 이 사안이 마지막 장의 주제가 될 것이며 거기서 현대 도시를 문명의 종말로 보는 아이디어가 제시된다. 이 두 문명적 문제들 사이에서 우리는 과거와 현재의 도시에 대해 다양한 방식으로 지식을 구축한다. 우리 종의 진화에 있어 비교적 최근의 — 즉 호모 사피엔스가 존재한 기간의 마지막 2%에서 5% 사이 어느 시기의 — 발명품인 도시가 전 세계에 만연했다는 것은 정말로 놀라운 일이다.

도시 인사이트 C

브레나 해셋의 생물고고학

브레나 해셋(Brenna Hassett, 2017)의 저서 『뼈 위에 세워진: 도시 생활과 죽음의 15,000년(Built on Bones: 15000 Years of Urban Life and Death)』에 따르면 "우리가 도시를 건설한 것이 아니라 도시가 우리를 만들었다"(14쪽). 이 주목할 만한 진술은 발굴 현장에서 수습된 해골에서 과거 정보를 얻기 위해 최신의 과학적 방법을 사용하는 생물고고학자의 말이다. 도시연구자는 아니지만 자신의 저술에서 해셋은 도시를 진정으로 이해하고 있음을 보여준다. 그녀는 "도시가 그렇게 훌륭하다면 그것은 왜 우리를 죽이는 것들로 가득 차 있는가?"(9쪽)라고 질문함으로써 끊임없이 증가하는 도시화의 가장 흥미로운 측면 중 하나를 강조한다. 도시가 존재한 거의 대부분의 기간 동안 도시 내 사망률은 출생률을 크게 초과했다. 이는 사망 위협에도 불구하고 많은 사람들이 도시로 이끌렸으며 이로 인해 성장이 이뤄졌음을 말한다.

일단 고정된 위치에 정착하면서 인체에 물리적 변화가 생겼다. 수렵-채집인에 비해 도시인은 "더 작은 체격, 약한 다리, 그리고 축소된 얼굴"을 가졌고 이로 인해 치아 문제가 발생했다(79쪽). 또한 아기는 이동하는 생활방식에 제약을 부과하지만 정착은 그렇지 않기에 출산 간격이 줄었고 베이비 붐이 일어났다. 그러나 도시가 "사망률의 소굴"(306쪽)이 됨으로써 "출산의 폭발에 뚜껑을 덮었다"(29쪽). "연결성 증가"로 인해 "질병의 환경적 저장소가 변했다". 이에 도시는 우리의 건강문제도 영구적으로 변화시켰다(206쪽). 우리는 박테리아를 위한 "이동식 식사"가 되었다(225쪽).

이 과정의 핵심은 농촌에서의 분산된 감염이 집중된 도시의 질병으로 전환했다는 점이다. 이에 "도시의 발명은 감염을 **전염병**으로 전환시킴으로서 역학의 변화에도 진정한 기여를 했다"(211쪽, 원문 강조). 해셋은 이 과정을 다음과 같이 설명한다.

> 우리의 현대적 전염병 중 대부분은 실제로 소박한 토양에서 직접 온 바이러스 감염이다. 그것들은 그곳에 그냥 머물러 있을 수도 있다. 하지만 도로, 버스, 자동차, 사람들이 네트워크로 연결된 세계에서 이제 그것들은 밀집된 도시 인구에 도달하여 스스로를 폭발시킨다. 감염을 전파시킬 조건이 질병을 역병으로 만드는 것이다. 점점 도시화되는 세계를 연결하는 도로, 무역, 사람들의 네트워크가 질병을 역병으로 만든다(211쪽).

이에 해골의 변화를 통한 결핵의 추적이 논의되는데 이는 도시가 번영하는 곳에서 명확한 증가를 보여준다. 예컨대 기원후 초기 세기의 로마 도시에서 결핵의 '증가'가 있었다. "잘 연결되고 도시화된 로마 제국의 특성을 고려할 때 이는 예상치 못한 발견이 아니다"(205쪽). 얼마 지나지 않아서는 동방으로부터 실크로드를 통해 유스티니아누스 역병이 전파되었다(220쪽).

그러나 해셋에 따르면 "감염성 질병이 다른 형태의 질병을 압도할 정도로 급증한 것은 14세기 들어서였다"(205쪽). 이른바 팬데믹이 도래한 것이다.

> "감염병의 유행은 **풍토병**으로 자리잡았다. 이제 풍토병은 도시의 성장 엔진에 의해 추동된 인구증가, 이동성, 그리고 사람, 물자, 동물의 이동을 위한 통합 네트워크로 인해 도시 내 자연적 시민과 같은 것이 되었다"(205쪽, 원문 강조)

이렇게 흑사병은 1348년 카파에서 제노바로 들어와 유럽 전역으로 확산되었고 몇 세기 동안 남아있었다. 또한 아메리카와 유럽의 질병 교환도 있었다. 천연두는 토착 아메리카인을 초토화시켰다. 이에 대한 보답으로 그들은 유럽인에게 매독을 선사했다. 후자는 유럽 도시들을 통해 빠르게 확산되었다. "매독의 본질은 가차없이 도시적이다"(250쪽). 물론 이 모든 것은 "노동력을 끌어들이고 착취하는 도시적 힘"의 결과이다(271쪽).

이러한 "자연적" 재해를 넘어 해셋은 도시와 국가 간의 관계도 강하게 묘사한다.

> "도시는 복잡한 정치체의 전조이다. 그들은 복잡성에 의해 정의되며 영토와 권력을 다투는 국가 시스템의 필수적인 엔진이다"(186쪽).

해골은 폭력적 죽음도 식별할 수 있게 한다. 초기에는 살인의 성격이 — 종종 피해자 공동체 전체를 살해하는 — 습격의 형태를 취했으나 이후에는 도시 및 국가가 함께 등장하는 보다 조직적 전쟁으로 변했다. 이는 젊은 남성을 전사자로 조직함으로써 발견된 해골의 다수에 연령과 성별의 특수성을 부과한다.

해셋의 텍스트에 대한 나의 서술은 불가피하게 선별된 하이라이트로 제한되어 있으며 따라서 다양한 발견의 의미에 관한 논쟁을 다룰 때 특히 뛰어난 그녀의 미묘한 논의와 세심한 토론의 많은 부분을 놓치고 있다. 그리고 그녀의 미묘한 학문성은 도시에 대한 이해로 이어진다. 그녀는 도시가 무엇인지에 대해 단순하게 정의하는 것을 주저한다. 이는 유연성 상실을 수반할 것이기 때문이다(94, 115쪽). 그녀는 "도시를 정의하는 것을 피해" "우리를 변화시킨 특징들"에 초점을 맞추었다고 결론짓는다. 나는 그녀의 입장을 도시를 과정으로 다루는 것으로 해석한다.

마지막으로 해셋의 책이 2017년에 출간되었고 내가 2020년에 이 요약을 쓰고 있다는 점을 고려할 때 그녀가 현 시기의 코로나19 팬데믹을 예견했는지에 대한 질문이 제기된다. 그녀는 "다른 도시와 접촉하는 도시에 의한 도시 세계의 세계화"를 언급하며 "우리의 세계화된 질병 네트워크가 언젠가 우리를 괴롭힐 수 있다는 것을 상상하기 어렵지 않다"고 말한다(305쪽). 결국 "도시는 사람들을 끌어들이고 사람들은 질병을 운반한다"(190쪽). "도시의 촉수는 결국 모든 곳에 닿는다"(307쪽).

3장

—

분주한 도시

서론: 분주함의 층위들

도시는 매우 분주한 장소다. 이는 이른바 러시아워, 즉 출퇴근 시간대에 교통량이 최고조에 달하는 아침과 저녁의 특정 시간에 가장 뚜렷하게 드러난다. 러시아워는 세계 어디서나 보편적으로 나타난다. 혼잡도가 심한 도시 목록이 발표될 때면 흔히 로스앤젤레스, 방콕, 이스탄불, 멕시코시티, 모스크바, 자카르타, 런던, 광저우와 같은 도시들이 포함되며 공해를 유발하는 교통 정체의 이미지가 함께 등장하곤 한다. 보통의 통근자들이 일주일에 얼마나 많은 시간을 이와 같이 유해한 그리고 스트레스를 유발하는 활동에 할애하는지를 추정한 수치들도 제시된다. 이는 도시에서 일함으로써 얻을 수 있는 이점을 누리기 위해 감내해야 하는 부정적 측면의 전형적 사례이다. 달리 말해 이것을 그냥 없애버릴 수는 없다. 교통량의 감소는 도시 쇠퇴의 신호이지 도시에 추가하고 싶은 경험이 아니다. 공식은 간단하다. 러시아워의 규모는 도시에 일자리를 제공하는 경제활동의 활발함을 의미한다. 이는 앞서 언급한 대도시만이 아니라 모든 도시에 해당되는 사실이다.

핵심은 자동차든 대중교통이든 러시아워를 유발하는 이동이 출발지와 도착지를 갖는다는 점이다. 이 각각의 이동경로를 지도에 표시하면 수많은 교차선이 뒤엉킨 거대한 얼룩이 생겨난다. 겉보기에 이는 복잡해서 해석하는 게 쉽지 않은 것처럼 보인다. 하지만 그것은 도시에 내재한 복잡성을 가장 분명하게 드러내는 표시이기도 하다. 그렇다. 도시는 그야말로 분주하지만 그렇다고 해서 이해할 수 없는 것도 아니다. 이는 단지 도시의 분주함을 하루 단위의 시간표처럼 짜여진 틀로 보여주는 것에 불과하다. 도시를 규정하는 진정한 분주함은 바로 두 번의 통근 시간 사이에 이뤄지는 노동이다. 이것이 도시의 '비즈니스'이며 수많은 경제활동이 어우러진 총체이다. 이는 도시적 성장의 산물이자 끊임없이 새로운 노동을 창출하고 낡은 노동을 폐기하는 과정 속에서 변화하는 도시적 역동성의 표출이다.

이로부터 도출되는 결론은 특정 시점의 도시가 각기 다른 산업이 탄생하고 소멸한 기존의 생산주기를 반영하는 경제활동의 역사적 층위로 구성된다는 점이다. 오늘날 새로운 노동이 창출되고 있다는 가장 뚜렷한 신호는 새로운 오피스 건물을 짓는 거대한 크레인들이 장식한 스카이라인이다. 그러나 통근자가 향하는 대부분의 목적지는 비교적 최근의 경제발전 속에서 형성된 기존 일자리이다. 그중 일부는 오랜 시간 지속되어 온 노동이지만 최근 들어 쇠퇴의 징후를 보이고 있기도 하다. 이처럼 도시 경제는 과거의 분주함이 만들어낸 비즈니스의 지층들로 이뤄져 있다. 소멸된 노동 중 일부는 심지어 문화유산으로 재활용되어 새로운 관광 노동으로 이어지기도 한다. 이러한 근본적 역동성은 모두 집적 과정에서 비롯된다.

1장에서 설명한 것처럼 집적 과정은 주로 경제적 과정으로 간주되며 그로부터 파생되는 이점은 외부성으로 다뤄진다. 즉 도시가 제공하는 이점들은 재화와 서비스의 일반적 시장거래로 설명되지 않는 방식으로 작동한다. 이에 이 장의 대부분은 집적 외부성의 작동 방식을 탐구하는 데 할애된다. 다른 한편으로 인구 밀도가 높은 도시에서 개인들의 일상적 상호작용이 유발하는 효과는 시장을 위한 생산을 넘어서는 함의를 갖기도 한다. 가장 명백한 사례는 도시가 상품 소비의 궁극적 장소, 즉 쇼핑의 공간이라는 점이다. 여러 형태의 쇼핑센터는 가장 눈에 띄는 집적 형태인데 이들도 분주함을 기반으로 작동한다. 그러나 경제 영역을 넘어 사회, 정치, 문화적 행위 속에서도 새로운 실천을 유발하는 집적 효과들이 필연적으로 나타난다. 이런 효과들은 아래에서 간략히 소개되며 후속 장들에서 더욱 심층적으로 논의된다.

도시집적과 부문별 클러스터

집적 외부효과는 두 가지 상이한 방식으로 이론화되어 왔다. 경제학자들은 마샬의 산업 지구 개념에서 출발하여 비슷한 상품을 생산하는 생산자들의 클러스터에 주목했다. 이들은 보통 중소기업으로 구성된 유사 성향의 기업가들이 밀집된 공간에서 상호작용함으로써 혁신적이고 생산적인 방식으로 자기 재생이 가능한 성공적 경제공간이 형성된다고 본다. 간단히 말해 생산자들은 서로 배운다. 예컨대 한 생산자가 생산 공정을 개선하면 그 방식은 곧 산업 전반에 걸쳐 모방된다. 이런 식으로 개별 기업들의 클러스터는 시장 경쟁과 시장 외적 상호보완성을 동시에 구현한다. 역사적으로 볼 때 도시 내 특정 구역에 산업이 집중되는 현상은 일반적이었다. 그리고 20세기 들어 이런 집중은 우리가 현대적 사회라 부르는 것의 핵심 요소를 발전시키는 데 있어 결정적인 역할을 했다. 예컨대 뉴욕 매디슨 애비뉴는 광고 산업과 동일시되었고 런던의 플릿 스트리트는 전국 일간지를 상징했다. 물론 두 도시 모두 각각 월스트리트와 더 시티라는 금융 클러스터도 지니고 있다. 이런 사례는 1장에서 다룬 로스앤젤레스의 할리우드와 함께 세계적 영향력을 가진 경제 클러스터로 분류된다. 이 모든 경우에 클러스터 내부의 생산자들은 외부의 동종 생산자들보다 시장 우위를 점하고 있으며, 이에 후자는 상대적으로 시장에서 쇠퇴하고 전자는 번성하여 경제 클러스터링이 더욱 심화된다.

두 번째 접근은 도시 전체를 하나의 단위로 보며 집적 외부성을 이해한다. 이 관점은 도시를 구성하는 경제활동의 방대한 다양성 그 자체가 이점을 제공한다고 본다. 특히 이 방식은 서로 다른 산업 간 학습 과정을 가능하게 하며, 이는 제이콥스 외부성(Jacobs externalities)를 낳는다. 이는 도시를 통한 경제 발전 이론을 전개한 도시 활동가이자 학자인 제인 제이콥스의 이름을 따서 명명된 개념이다. 제이콥스의 이론은 클러스터의 중요성을 부정하지 않는다. 그것은 클러스터 간에도 학습이 일어날 수 있음을 인정한다. 예컨대 로스앤젤레스의 도시권 경제는 할리우드만으로 이루어진 게 아니다. 그곳에는 잠재적 혁신의 연결 가능성을 품은 보석, 의류, 가구, 생산, 자동차 디자인, 그리고 새로운 기술 허브 등 다양한 창조산업 클러스터들도 존재한다(Scott 2008). 그러나 제이콥스는 단일 클러스터가 지나치게 성공할 경우 도시의 경제적 다양성이 위협받을 수 있다고 경고한다. 성공적인 산업들이 다양하게 존재하지 않으면 도시의 미래는 특정 상품 주기에 종속되며 이는 결국 쇠퇴로 이어진다. 디트로이트는 이러한 과정의 대표적인 사례로 자동차 산업 클러스터가 약화되면서 도시 쇠퇴가 불가피하게 진행되었다.

에드워드 글레이저와 동료들(Edward Glaeser et al., 1992)은 이 두 가지 접근, 즉 전문화된 클러스터와 도시 전체 집적의 상대적 효용을 평가하기 위해 중요한 연구를 수행했다. 그들은 1956년부터 1987년까지 170개의 미국 대도시 지역을 분석하여 각 도시 내 6개 주요 산업의 고용 변화에 주목하였다. 고용 변화는 경제적 전문화와 경제적 다양성의 지표와 비교되었다. 총 1,000건이 넘는 도시-산업 단위의 관측치를 바탕으로 연구팀은 산업 구조가 집중될수록, 즉 전문 클러스터가 형성될수록 오히려 고용 성장률이 둔화되는 경향이 있음을 보여주었다. 이는 클러스터가 기대하는 효과와는 반대되는 결과였다. 반면 산업 구조가 다양할수록 고용 성장률은 높아졌는데 이는 제이콥스의 이론과 일치하는 결과였다. 연구자들은 이러한 결과를 신중하게 해석해야 한다고 강조하였다. 예컨대 분석 기간이 전반적으로 낮은 경제성장률이 지배한 시기였기 때문에 클러스터의 효과가 제대로 발휘되지 못했을 가능성도 지적되었다. 그럼에도 불구하고 도시 전체의 다양성에 대한 강력한 실증적 지지는 주목할 만한 발견이다.

물론 이러한 결과 해석에서 또 다른 신중함이 요구되는 이유는 산업 클러스터가 상당히 다양한 형태를 띤다는 점에 있다. 그리고 이들 중 일부는 경제적 외부성을 생성하는 데 적합하지 않을 수도 있다. 마르쿠센(Markusen, 1996)은 공간 형태와 기업 간 관계를 기준으로 서로 다른 유형의 클러스터를 구분했다. 그의 구분에는 마샬의 산업 지구, 즉 단일 산업 내 다수 기업의 클러스터 외에도 세 가지의 유형이 더 있다. 중심과 위성 구조(hub-

and-spoke)는 몇몇 핵심 기업이 공급업체들을 거느리는 방식이며 위성 플랫폼(satellite platforms)은 저임금이나 정부 인센티브와 같은 특정 지역적 요인을 활용하는 다국적 지사의 집합체이다. 국가 기반 클러스터(state-anchored clusters)는 대규모 공공기관이 제공하는 공급 기회를 활용하는 구조다. 이들 클러스터에서는 중소기업이 대기업에 의존한다. 따라서 전자의 약한 시장 지위가 외부성의 생성에 장애가 될 수도 있다. 그러나 위에서 소개한 대규모 실증분석에서는 이 모든 클러스터 유형을 산업 집중도로 일괄 측정하였다. 따라서 마샬이 최초로 지적한 경제적 외부성 완전히 배제할 수는 없으며 강력한 경제 클러스터는 어디에나 있는 것이 아니라 구체적 사례 연구를 통해 식별하는 것이 바람직하다는 결론을 도출할 수 있다.

도시 자체가 집적 효과의 작동에 영향을 미치는 다양한 공간 구조를 가지고 있다는 점도 간과할 수 없다. 글레이저의 연구에서 사용된 대도시 지역은 미국 인구조사국이 정의한 것으로 중심 도시를 둘러싼 교외 주거지 모델에 기반한다. 이러한 도시 형태는 1950년대에 일반적이었으나 이후 여러 산업의 탈중심화로 인해 도시의 공간 구조는 훨씬 복잡해졌다. 이로 인해 도시는 점점 더 확장되어 현재는 종종 도시지역으로 정의된다. 이 중 일부는 런던과 그 동남부 지역처럼 여전히 중심 도시 기반 구조를 유지하고 있지만 상당수는 여러 도시가 융합된 다중 중심 도시권(multi-nodal city-regions)으로 발전하였다. 그 대표 사례는 미국 동부 해안의 보스턴에서 워싱턴까지 이어지는 메갈로폴리스(megalopolis, BOSWASH)이다. 이러한 다중 중심 도시권은 집적 효과를 확장시키는 데 중요한 역할을 한다. 이를 차용 규모(borrowed size)라 부르며 소도시가 인접 대도시의 경제와 서비스 범위를 활용할 수 있는 현상을 의미한다. 예컨대 네덜란드의 란트스타트(Randstad

Holland: 암스테르담, 로테르담, 헤이그, 레이던, 위트레흐트)에서는 위트레흐트의 창조산업이 암스테르담의 고도화된 금융 서비스를 활용함으로써 자본 수요를 충족할 수 있다. 이는 소도시에서 흔치 않은 경제적 이점이다. 또한 모든 란트스타트 도시들은 암스테르담의 스키폴 공항을 통해 세계적인 물리적 연결성도 확보할 수 있다. 하지만 차용 규모는 항상 긍정적인 효과만을 낳지는 않는다 예컨대 샌프란시스코만 지역의 다중 중심 구조에서 실리콘밸리는 주거 수요를 샌프란시스코로 전가시켜 중심 도시에 부정적 경제효과를 유발하였다. 다중 중심 도시권에 대한 논의는 8장에서 보다 자세히 다룰 것이다.

지난 반세기 동안 샌프란시스코 남부의 산타클라라 밸리에서 형성된 하이테크 기업 클러스터는 마샬식 산업 지구의 고전적 사례로 평가된다. 이는 다수의 기업이 시장 경쟁과 협력적 개발을 결합하여 막대한 혁신적 성과를 창출해낸 과정이다. 이것은 가장 성공적인 신생 클러스터링 사례이며 세계적으로 다양한 모방 시도를 낳았다. 그러나 핵심은 이것이 수십 년에 걸쳐 전개된 하나의 과정이라는 점이다. 따라서 단순히 이식할 수는 없으며 그 고유성을 인식해야 한다. 우리가 배워야 할 교훈은 특히 경쟁이 치열한 산업에서 협력을 촉진하는 것이 얼마나 중요한지이다. 그러나 세계 곳곳의 다른 하이테크 클러스터는 필연적으로 매우 다른 특성을 지닌다. 예컨대 인도 벵갈루루의 성공적인 IT 허브는 강력한 중앙 및 지방 정부의 지원에 기반하고 있다. 이 논의는 1장에서 소개한 속별과 종별 분석틀의 전형적 사례다. 클러스터링 과정 자체는 속별적 발전 양상으로 볼 수 있지만 그것이 형성된 종별적 실천의 결합은 전이 가능하지 않다.

이 결론은 매우 중요하다. 지역 산업 클러스터는 그것의 형성 자체가 경제적 성공의 증거이며 따라서 도시 정책결정자들의 주목을 받는다. 그러나 복제가 어렵다면 그로 인한 경제 외부성의 재현 가능성도 낮다. 반면 도시 전체의 다양성에 기반한 제이콥스 외부효과는 모든 도시에서 실현 가능하다. 분주한 도시는 다중적 배경을 지닌 인구가 일상적 행위를 통해 상호작용하는 고밀도 집합체. 이 혼돈의 장은 발명과 혁신의 토양이 되며 정책결정자들의 과제는 이를 긍정적 외부성으로 전환하는 것이다. 이런 전환이 성공한다면 그것은 결국 지역 내 새로운 산업 클러스터의 자생적 형성으로 이어질 수 있으며 이는 새로운 경제 성장의 전조가 된다.

다양한 집적 효과

도시는 본질적으로 다양하기에 상품과 서비스의 경제적 생산을 넘어서는 다채로운 집적 효과가 나타날 것으로 예상할 수 있다. 이러한 부수적 집적 효과를 설명하는 체계적인 문헌은 존재하지 않으며 여기서는 그것들을 단순히 나열하면서 관련된 혁신들과 함께 간략히 설명한다.

- 소매 부문. 이 부문은 지역 식품 시장과 무역 박람회에서 기원한다. 19세기의 급속한 도시화와 산업화가 도시의 규모 및 소비자 시장을 변화시키면서 소매 부문도 변했다. 쇼핑의 혁신은 19세기 후반의 대형 백화점, 20세기 전반의 체인점, 20세기 중반 점점 더 커지는 슈퍼마켓, 그리고 20세기 후반의 쇼핑몰로 이어졌다. 그 결과 모든 도시는 자신만의 소매품 공급으로 대중에게 인식되게 되었다.

- 엔터테인먼트 산업. 이 부문에도 유사한 혁신이 연속적으로 발생했다. 19세기 들어 여러 유형의 극장이 출현했으며 20세기에는 영화관 그리고 오늘날에는 대형 공연장으로 이어졌다. 전통적으로 이들은 레스토랑과 같은 소매 시설과 함께 위치하면서 다운타운, 즉 도시의 흥미로운 중심지를 형성했다.

- 대중 스포츠. 이는 19세기 후반의 독특한 혁신으로 일부 여가 활동이 규칙화되고 클럽에 의해 조직되면서 대도시 팬층을 형성하게 되었다. 영국의 축구와 미국의 야구가 대표적인 사례이며 새로운 대중 시장을 창출함으로써 세계적으로 현대 스포츠 산업을 구성하는 일련의 활동을 만들어냈다.

- 공공 부문. 매뉴얼대로만 한다는 이유로 종종 '관료적'이라는 비판을 받지만 도시 안에서 이 부문은 거대한 클러스터로 성장했고 그 결과 혁신의 조건을 제공했다. 이러한 혁신은 노동자들이 더 나은 방식으로 업무를 수행하는 방법을 찾아내면서 이뤄졌다. 여기에는 다른 유인도 작동하는데 시장의 이점 대신 정치적 상승 혹은 경력의 발전이 그것이다.

- 수도. 현대 세계에서는 수도를 주요 경제의 중심지와 분리하려는 경향이 있었다. 미국에서 대부분의 대도시는 주의 수도가 아니며 일부 주는 완전히 새로운 수도를 건설하기도 했다. 가장 초기 사례 중 하나가 워싱턴 D.C다. 이런 분리는 경제적 이해관계를 정치권력과 분리하려는 동기에서 비롯되었지만 이 도시는 로비 산업이 성장하면서 로비스트들이 정치인의 숫자를 능가하는 현상을 낳았다.

- 범죄. 도시는 전통적으로 죄악의 장소로 인식되어 왔으며 19세기부터 급격한 도시화와 함께 불법적인 행동의 기회 또한 증가하였다. 모든 도

시는 묵인되거나 비난받는 범죄 지구를 형성하게 되었다. 예컨대 위조 기술 같은 것은 도시 외부에서 발견하기 힘들다. 이로 인해 1920~30년 대 시카고에서 이뤄진 최초의 체계적 도시연구에서도 범죄는 핵심 주제 중 하나였다.

• 정치적 저항. 도시는 상당히 복잡하기 때문에 정부가 완전히 통제하기 어렵다. 따라서 도시는 저항의 주요 장소가 되기도 한다. 이렇게 저항 이 가능해지면 도시 공간은 저항운동이 자신들의 레퍼토리를 발전시킬 수 있는 장이 된다. 권위주의 정부 하에서 도시는 정부 권한 바깥에 위 치한 전복 활동의 중심지가 된다.

• 전쟁과 외국의 점령. 도시가 포위되거나 폭격당하거나 외국의 군사 점령 하에 놓이게 되면 일상이 심각하게 중단된다. 그러나 절망 속에서도 사람 들이 무력하기만 한 것은 아니다. 도시는 여전히 집적체이며 사람들은 식 량, 주거, 의료 서비스와 관련된 생존 방식을 기발하게 찾아낸다.

• 이주민. 20세기 후반부터 아프리카, 아시아, 라틴아메리카의 도시들은 엄청나게 성장해 왔으며 일부는 메가시티로까지 확장되었다. 이런 도 시들은 빈곤한 국가에 위치했지만 새로운 이주민은 생존 방법을 모색 하면서 일자리를 찾거나 창출했다. 일반적으로 이는 집적으로 인식되 지 않는다. 하지만 이는 분명히 집적의 한 형태로서 사람들이 기회를 포착하고 그것을 활용하기 위해 혁신을 하고 모방하는 것을 보여준다. 이 주제는 이후에 다시 논의될 것이다.

이상의 목록은 도시 집적의 힘으로 나타나는 도시적 과정의 다양성을 보여준다. 어떤 사례도 이례적이지 않다. 모두 세계의 여러 도시에서 다양하게 조합되어 나타나는 일상적 실천이다. 이는 도시의 복잡성을 확증한다. 이후 장에서 이런 주제들 중 일부를 더 깊이있게 다룬다.

결론적 보완: 메가시티

집적 외부효과의 생성 가능성은 도시 규모와 연관이 있다. 더 많은 인구는 더 많은 상호작용, 나아가 더 많은 기회를 의미한다. 이는 메가시티를 이해하는 데 있어 중요하다. 유엔산하기구들은 메가시티를 인구 1천만 명이 넘는 도시 집적체로 정의한다. 인구 추정 방식이 다양하기 때문에 메가시티의 정확한 수는 합의되어 있지 않지만 현재 세계적으로 30개가 넘는 메가시티가 존재한다는 사실은 분명하다. 이 가운데 G7에 속한 국가에는 단 7개의 메가시티(런던, 뉴욕, 로스앤젤레스, 나고야, 오사카, 파리, 도쿄)가 있다. 단일 국가로 가장 많은 수의 메가시티를 보유한 국가는 중국이다(베이징, 광저우, 청두, 지난, 상하이, 선전, 톈진, 샤먼). 하지만 대부분의 메가시티는 저소득 국가에 위치하며 여기에 문제가 있다. 집적 과정은 일반적으로 작동하지만 그 결과는 메가시티들 사이에서도 매우 상이하게 나타나기 때문이다.

모든 메가시티가 고층 건물로 구성된 스카이라인을 갖추고 있다. 이곳에는 지구적 네트워크와 연결된 부유한 기업가 계층의 로컬 클러스터가 입지해 있다. 하지만 이런 단일 메커니즘 외에도 저소득 국가의 도시에는 상당히 다른 도시적 과정들이 작동하고 있다. 이러한 도시들은 삶의 개선을 기대하며 몰려든 대규모 이주민으로 인해 메가시티로 성장했다. 이처럼 거대한 인구 집적은 이주민들이 원래 살던 도시에는 없었던 기회를 제공한다.

그 결과 새로운 일자리를 창출하는 수많은 혁신과 모방이 발생하지만 이는 매우 제약된 맥락 속에서 이루어진다. 이는 도시적 기업가정신의 한 형태지만 그것은 부유한 도시들에서 나타나는 경제 성장과 달리 경제적 생존이라는 초보적 목표에 지배된다. 따라서 메가시티를 다룬 문헌에서 제기되는 정책적 논점들이 도시 문제, 즉 슬럼화된 주거지, 범죄와 부패, 교통 체증, 대기 오염 등의 도전과제에 집중된다는 것은 놀라운 일이 아니다. 물론 이런 문제는 부유한 도시에도 존재하지만 저소득 도시에서는 그것들이 삶의 기회를 훨씬 심각하게 제약한다. 그리고 이는 단순히 저소득 도시들을 하나의 분류로 묶는 분류학적 문제가 아니라 도시와 국가가 세계 경제 내에서 수행하는 기능의 결과이기도 하다.

결국 도시를 이해하는 데 있어 인규 규모는 여전히 매우 중요한 변수이다. 이는 그것이 집적 효과를 유발하는 요인이기 때문이다. 하지만 그것은 하나의 단일 측정치에 불과하다. 그러므로 인구 규모만으로 도시의 특성을 규정하려 해서는 안 된다. 뉴욕과 킨샤사는 모두 모두 메가시티이지만 둘을 동일한 범주로 묶어 이해하는 것은 그중 어느 하나도 제대로 이해하는 데 별 도움이 되지 않는다. 이런 이유로 메가시티라는 개념의 효용은 제한적이다. 따라서 이후의 장들에서 그것은 더 이상 다뤄지지 않는다.

루이스 에두아르두 소아레스의 리우데자네이로

   루이스 에두아르두 소아레스(Soares, 2016: 2쪽)에 따르면 "도시는 허물을 벗는 뱀과 같다". 그는 리우데자네이루에서 성장했고 활동가이자 정치인이 되었으며 현재는 인문학 교수로 활동하고 있다. 그의 저서 『리우데자네이루: 극한의 도시』 는 1964년 브라질 군사 쿠데타부터 2013년 백만 명 이상이 참여한 대규모 리우 시위까지의 도시 현대사를 다룬다. 이 책은 이야기 모음집으로 목격자로서의 자전적 이야기와 인터뷰에서 수집한 충격적인 이야기의 혼합으로 구성돼 있다. 책에서 다루는 시기는 절망에서 시작해 희망으로 나아갔다가 혼란으로 끝난다. 이 흐름은 뱀을 활용한 그의 은유만이 아니라 도시는 항상 진행 중인 작업이라는 개념과도 직접적으로 연결된다. 그러나 점진적으로 그리고 끝없이 이뤄지는 변화가 도시 발전의 구조적 제약을 붕괴시키지는 않는다. 그렇다면 한 번 뱀은 영원한 뱀인가?

   리우데자네이루의 결정적 제약은 무엇인가? 가장 중요한 것은 다른 브라질 도시가 그러하듯 리우데자네이루에서도 사회적 불평등 심각하다는 점이다. 이 불평등은 가난한 이들의 협소한 파벨라(비공식 주거지 혹은 빈민가)와 중산층의 쾌적한 거주 및 업무 공간 사이의 공간적 차이에서 가장 분명이 드러난다. 그리고 그 위에는 초부유층과 그 하수인들이 존재한다. 소아레스는 이들을 "메트로폴리탄 리우의 역동적 중심부"라 부르는데 이는 "대다수의 시장 … 판사, 대법관, 산업계 거물, 유명 인사, 축구 선수"를 포함한다. 그리고 그는 "총으로 사업을 시작한 기업가들"의 존재를 언급하면서 이 도시의 집적효과가 다르게 작동함을 암시한다(200

쪽). 이 엘리트의 대외적 행위는 "런던과 아마존 열대우림 사이의 네트워크"(264쪽)를 기반으로 하며, 브라질리아(국가 정치), 마이애미(대체 마약 시장), 라스베이거스(레크리에이션)를 대상으로 한다(201쪽). 바로 이곳에서 우리는 "권력, 권력을 사용하지 않는 권력, 권력의 시뮬레이션"을 찾을 수 있다. 그것은 "정당을 가리지 않는다 … 우리는 함께 선출하고, 함께 통치한다"(200쪽). 소름 끼치게도 "야당 같은 것은 존재하지 않는다"(199쪽).

소아레스는 노동자당의 부상과 함께 이 엘리트 세계의 가장자리에 진입하게 되는데 2003년 당의 지도자인 룰라가 대통령으로 선출되었을 때 그는 국가 공공안전국장이 되었다. 이는 그가 1999년 리우데자네이루 주 정부에서 유사한 역할을 맡은 데 따른 것이었다. 저자의 치안 관련 경험은 리우에 대한 그의 이해의 핵심을 이룬다. 매우 통찰력 있는 한 에피소드에서 소아레스는 룰라와 함께 파벨라 주민들의 불만을 듣는 자리에 동행한다. 그런데 주민들은 하나같이 경찰에 대한 불만을 토로하여 룰라를 당혹스럽게 했다. 룰라는 왜 그들이 자신의 사회민주주의적 정책 — 보건, 교육, 실업 대책 — 에 반응하지 않는지 의아해한다. 룰라는 리우를 이해하지 못한다(3-5쪽).

리우의 파벨라 인구는 서로 경쟁하는 마약 갱단들의 세력권 안에서 살아가는데 그 위에 부패하고 악의적인 경찰이 군림한다. 소아레스는 경찰 조직이 통제 불가능하다고 주장한다. 즉, 그것은 "제도라기보다는 상대적으로 자율적인 단위들로 이루어진 군도(群島)"이며 각각 고유한 권한과 욕망을 갖고 있다(81쪽). 이들은 아무런 제약 없이 살인을 저지른다. 이들의 권력 기반은 "위험한" 파벨라와 도시 중산층의 일상적 삶 사이에서 완충지대의 역할을 하는 것이다. 따라서 이들은 자신들의 통치를 유지하기 위해 위험의 위협을 조장해야 하며 그럼으로써 불안정한 세력이 된다. 이러한 실상은 2013년 리우 시위의 치안 유지에서 적나라하게 드러난다. "경찰은 자신들이 억제해야 할 사태를 오히려 부추기고 있었으며 혼란을 야기하고 그것을 강제로 진입하는 데에서 쾌감을 느끼고 있었다"(256쪽).

이런 불평등을 떠받드는 공통의 정치 양상은 무엇인가? 소아레스는 실용주의에서 출발한다. 경찰의 살인은 "불의 속에서 일상이 되어"(94쪽) "리우에서는 그냥 견디며 살아간다"(103쪽). 불만은 모호한 "그들"을 향하지만 그에 상응하는 "우리"는 존재하지 않는다(250쪽). 2013년 대규모 시위는 노동자당의 하향식 사회민주주의가 "그들"의 일부임을 확인시켜 주었다. 그러나 소아레스는 시위 참가자의 상충하는 요구 속에서 희망을 발견한다. 즉 "관대한 개인주의의 확산이 집합성을 보다 민주적이고 정의로운 방식으로 재창조할 수 있는 계기가 될 수 있다"(253쪽). 이는 그가 앞서 한 경찰 살인 사건에 대한 반응에서 언급한 "집단 지성의 순수한 힘"(86쪽)의 형태로 나타나는 저항이다. 안타깝게도 이 정치적 희망의 외피는 최근 완전히 벗겨졌다.

소아레스는 리우데자네이루를 관광지의 클리셰, 즉 해변과 비키니의 즐거운 도시로 인식하는 시각에 맞서기 위해 이 책을 썼다. 그는 이 이상화된 이미지 자체를 부정하지는 않지만 그러한 이미지가 자신이 알고 있는 그리고 세계에 알리고자 하는 리우데자네이루의 꾸밈없는 복잡성을 가린다는 점을 문제 삼는다.

4장

—

연결된 도시

서론: 무리지어 출현한 도시들

도시는 집적을 통해 성장하지만 성장이 집적만으로 이뤄지는 것은 아니다. 집적은 잡다하다. 이는 도시 내부의 밀도 높은 네트워크 형성 과정이 도시 간 네트워크의 형성 과정과 결합하여 작동한다는 의미다. 경제적 집적을 구성하는 개인과 기업은 각각의 노동을 통해 하나의 집적을 형성할 뿐 아니라 종종 다른 도시의 유사한 집적과도 연결되어 있다. 이런 연결은 물질적 연결(외부 상품의 소비), 개인적 연결(유사한 기업가들과의 만남), 지식 연결(혁신의 확산), 조직적 연결(다수의 거점을 통한 운영, 예컨대 다수의 사무소를 통한 서비스 연결) 등 다양한 형태로 나타나는데 이 모든 것이 도시 간 접촉을 가능하게 하는 물리적 인프라를 필요로 한다. 집적이 작동하는 데 있어 이런 연결은 부가적으로 선택가능한 요소가 아니라 도시에 있어 집적의 활력을 유지하기 위해 필요한 필수적 요소다. 따라서 역사적으로 도시는 항상 무리를 이루며 존재해왔다. 고립된 도시는 추상적 신화로만 존재하거나 실제로 존재했는지 불확실할 경우 대개는 편의상 사라진 것으로 간주된다. 고립된 도시는 존재했던 적이 없다. 오늘날 이러한 도시 간 연결의 상당수는 지구적이며 점점 더 전자적인 방식으로 이뤄지고 있다.

물론 잘 알려진 것처럼 도시가 생겨나기 전에도 인류 집단 간 원거리 연결은 수천 년 동안이나 존재했었다. 이는 도구나 장신구 제작에 사용된 암석의 지질학적 원산지를 통해 확인가능하다. 잘 알려진 두 개의 사례는 다음과 같다. 하나는 몇몇 장소에서 채굴된 흑요석으로 만들어진 예리한 절단 도구가 광범위하게 발견된 사례이다. 다른 하나는 발트해 연안에서만 채취된 호박구슬이 넓은 지리적 분포를 보인 사례다. 이와 같은 물품들은 다수의 매개자를 통해 연결과 소통의 사슬을 따라 이동했으며 그런 물품의 수가 증가함에 따라 원재료의 교환 및 정제가 이뤄지는 특정 교육 시설로 몰려들었다. 바로 이 지점에서 전문화된 공동체가 성장하기 시작했으며 이들이 증가함에 따라 생산의 초기 집적이 이뤄졌는데 이것이 도시 발전의 기본 단위로 작용했다. 이런 연쇄는 시초 집적의 지속적 필요에 따라 점점 더 조직화되어 상호 교역을 하는 도시 간 초기 네트워크를 형성하게 된다. 문명의 기원을 논한 2장에서 다룬 문명들은 바로 이런 미약한 출발에서 파생했다. 즉 네트워크가 도시의 형성에 기여한 것이다. 그렇다면 그 네트워크 자체는 어떻게 형성되었는가?

도시 네트워크의 형성

카스텔(Castells, 1996)의 개념인 흐름의 공간에 따르면 네트워크의 형성에는 두 측면이 존재한다. 하나는 이동의 기반시설, 즉 물리적으로 그것이 어떻게 가능했는가라는 문제이며 다른 하나는 사람과 아이디어의 동시적 전이, 달리 말해 멀리 떨어진 인간들 사이의 상호작용이 어떻게 이뤄졌는가의 문제이다. 이 두 문제가 서로 밀접하게 연결되어 있음은 자명하다. 하지만 지속적 교역과 도시를 가능하게 하기 위해서는 상당히 다양한 유형의 방식이 요구되었다.

사람과 물자의 장거리 이동을 가능케 한 것은 일련의 역사적 기술 혁신이었다. 2장에서 언급했듯이 역사적으로 볼 때 논의의 출발점은 수상운송이 육상운송보다 훨씬 효율적이었다는 점이다. 이로 인해 초기 문명은 주요 하천을 따라 발달하게 되었다. 실제로 오늘날 세계의 주요 도시 대부분은 초기 항구 기능에서 기원한다. 따라서 역사적으로 가장 중요한 기술적 변화는 선박의 구조에 있다. 초기에는 강과 연안을 오가는 선박에서 출발하여 바다를 횡단하거나 대양을 항해할 수 있는 선박으로 발전했으며 현재의 증기선이 등장하기 전까지 그 모든 것은 노와 돛에 의존하였다. 증기선은 사계절 운항이 가능하다는 점에서 획기적인 발전이었으며 그러한 발전은 오늘날의 대형 컨테이너선에 이르러 정점을 이루고 있다. 육상에서는 바퀴의 발명과 함께 노새, 낙타, 라마 등의 짐승을 이용한 운송 수단이 발전했다. 통상적으로 이들은 캐러밴(caravan)이라 알려진 형태로 정해진 경로를 따라 이동했다. 물론 수상운송과 육상운송은 상호 연결되어 있었는데 하천 시스템 사이의 산악 고개들이 주요 육상 경로가 되었다. 하지만 근대에 이르러 가장 혁신적 변화는 후자의 운송 방식에서 발생했다. 19세기 철도의 세계적 확산과 자전거, 자동차, 트럭 등 20세기의 도로 중심 교통수단에 대한 열광이 말이라는 교통수단을 역사, 영화, 그리고 스포츠로 퇴장시켰다. 이러한 현대적 이동 수단은 세계적 항공 교통과 지구적 전자통신을 통해 완성되었다. 그 결과 21세기 인류는 역사상 가장 연결된 동시에 가장 도시화된 존재가 되었다. 여기에는 단순한 상관관계가 아니라 양방향적 인과관계가 존재한다. 카스텔에 의하면 이것이 바로 산업사회를 대체하는 네트워크 사회이다. 이와 관련하여 그는 산업도시를 대체하는 세계도시의 등장에 대해서도 진단했다.

도시 네트워크의 관점에서 보면 이와 같은 일련의 기술혁신은 하천 시스템을 넘어서는 도시 간 연결을 창출했다. 역사적으로는 남중국해, 흑해, 지중해, 발트해 및 북해 등의 해역을 기반으로 한 연결이 대표적이다. 더 넓게는 북대서양과 인도양, 그리고 육상에서는 동아시아의 서아시아 및 유럽을 연결한 실크로드를 예로 들 수 있다. 이 모든 사례에서 활력 있는 도시들이 형성되었고 이 도시들이 번창하는 네트워크를 뒷받침했다. 근대 세계에서 이런 네트워킹의 과정은 지구적으로 확장되었으며 이는 8장에서 설명될 세계도시 네트워크로 대표된다.

근대 기술혁신의 효과는 시공간의 압축을 가속화했다. 도시 간 이동 시간은 획기적으로 단축되었고, 통신의 경우 거리 개념이 사실상 사라졌다. 위성과 해저 케이블은 지구적 연결을 즉각적으로 가능케 한다. 그 결과 역사적으로 도시의 핵심 기능이었던 금융 시장이 오늘날 세계의 모든 시간대를 가로질러 연속적으로 작동하고 있다.

근대 초기 거리의 침식은 생산과 소비의 속도를 높임으로써 도시의 성장에 이바지했다. 일부는 최근의 발전, 즉 즉각적 커뮤니케이션의 등장에 주목하여 지리의 종말을 선언하며 도시가 더 이상 필요하지 않은 존재라고 주장하기도 한다. 예컨대 런던의 천문학적인 사무실 임대료를 고려할 때 왜 북부 스코틀랜드의 스카이 섬(Isle of Skye)으로 이전하여 훨씬 저렴한 임대료와 새로운, 그리고 보다 자연 친화적인 삶의 방식을 누리지 않는가? 하지만 이런 변화는 현실화되지 않고 있다. 왜일까? 여기서 우리는 다시 집적의 문제로 돌아가게 된다.

경제적 거래의 성공을 위한 핵심 요건 중 첫째는 신뢰이다. 신뢰는 개인 간 접촉과 커뮤니케이션을 통해 구축되고 유지돼야 한다. 이는 과거 낯선 이를 환대하는 전통이나 집단 간 새로운 언어 창출 — 예컨대 아랍-동아프리카 관계에서의 스와힐리어, 다양한 형태의 피진 영어 등 — 을 통해 달성되었다. 하지만 현대의 기업 세계에서 신뢰는 대면 접촉을 통해 구축된다. 이는 서로 다른 도시에 거주하는 이들이 직접 만나야 함을 의미한다. 성공은 다양한 집적의 경험을 통해 축적된 상이한 상업 지식들의 집합에 달려 있다. 이 때문에 화상회의 시스템의 보급에도 불구하고 국제 항공사들이 여전히 비스니스 클래스 고객으로부터 막대한 수익을 얻는 것이다.

물론 도시에 사는 사람은 도시를 단순히 일터 이상의 공간으로 활용한다. 예컨대 스코틀랜드의 스카이 섬에 거주하는 금융 트레이더는 스카이 섬에 런던과 같은 밀집된 여가공간이 없다는 것에 대해 크게 아쉬워할 것이다. 따라서 스카이 섬과 같은 장소로의 이주는 단기간 동안만 유지되는 실패한 실험이 될 가능성이 높다. 그렇다면 막대한 연결 인프라를 지닌 오늘날의 세계도시 네트워크란 무엇인가? 핵심적인 집적 현상은 사스키아 사센(Saskia Sassen, 2001)이 이론화한 세계도시의 형성 과정에서 찾을 수 있다. 최초의 결정적 혁신은 1970년대로 거슬러 올라가는데 이 시기 들어 서로 이질적이었던 컴퓨터 산업과 통신 산업의 통합이 이뤄진다. 이 결합은 두 가지의 상호 연결된 지리적 발전을 가능케 했다. 하나는 경제적 분산이며 다른 하나는 동시발생적 집중이다. 전자는 신국제분업의 형태로 출현했는데 기존의 전통산업지대에서 생산이 철수하여 저임금과 낮은 규제 수준을 활용할 수 있는 저개발국가로 이전된 것이다. 그러나 이러한 경제적 재편은 새로운 기업 지배구조와 기업 서비스 제공을 위한 지원 체계의 구축을 필요로 하여 몇몇 도시로의 강력한 집적 현상을 야기했다.

사센은 이를 세계도시라 명명했다. 그것은 수요와 공급의 새로운 밀집이 형성되는 특수한 장소로서 복잡한 초국적 시장을 조율하는 데 필요한 금융, 전문직, 창조적 서비스 기업이 대기업 본사와 나란히 입지한 곳이었다. 이런 세계도시는 자본 이동에서 자산 관리에 이르기까지 다양한 은행 서비스를 제공하는 국제 금융의 중심지일 뿐 아니라 다중 관할권 계약에 대한 법률 자문을 제공하는 기업 및 광고 대행사, 세계적 기업 전략을 지원하는 경영 컨설팅 업체들이 위치한 곳이기도 하다. 이처럼 대규모 기업조직의 수요를 충족시키기 위해 고도화된 기업 서비스가 공급되는 구조가 세계도시의 출현을 설명한다. 사센은 이런 도시의 사례로 단 세 개의 도시, 즉 뉴욕, 런던, 도쿄를 집중적으로 설명한 후 파리나 홍콩과 같은 몇몇 도시를 간략히 언급한다.

세계도시라는 개념이 처음 제기된 후 기업 서비스도 점차 세계화하기 시작했다. 이들 기업은 전통적으로 국내 시장에 서비스를 제공하였으나 고객을 잃지 않기 위해 해외 진출을 감행했고 일단 진출한 이후에는 해당 지역에서 신규 고객을 확보하는 것이 합리적인 전략이 되었다. 이처럼 금융 부문을 시작으로 다른 서비스 부문까지 점차 세계적 기업으로 전환되었고 이 과정은 눈덩이처럼 불어났다. 21세기에 이르러 이 기업들은 세계의 다수 도시에 걸쳐 운영되기에 이르렀다. 이로써 세계도시의 형성은 수백 개의 도시를 포괄할 정도로 광범위한 세계도시 네트워크의 형성 과정으로 전이되었다. 이런 도시는 대륙별 주요 도시의 중심부에 위치한 고층 빌딩 밀집지역을 통해 식별할 수 있다. 금융, 회계, 법률, 광고, 다양한 컨설팅 분야의 각 회사들은 본사가 위치한 국가나 그것의 확정 경로에 따라 상이한 사무소 네트워크를 보유하지만 종합적으로는 경제적 세계화가 작동하고 성장하는 기반이 되는 세계 도시 네트워크를 구성한다. 이 네트워크를 분석하면 런던과 뉴욕이 지배적인 위치를 점하고 있음을 알 수 있다. 이 외에도 파리, 홍콩, 도쿄, 베이징, 상하이 등 여러 주요 도시들이 존재하고 상파울루, 뭄바이, 모스크바, 시드니, 서울처럼 지리적으로 분산된 세계의 주요 도시들도 포함된다. 그러나 가장 핵심은 이 네트워크 과정이 애버딘(Aberdeen)부터 잔지바르(Zanzibar)에 이르기까지 세계 내 수백 개 도시에 걸쳐 도시 경제 내부로 침투하고 있다는 사실이다. 물론 위의 사례가 정보통신기술을 활용하여 다양한 기업으로부터 지식을 끌어모아 연합하는, 즉 세계적 네트워크를 형성한 유일한 경우인 것은 아니다. 다음은 잘 알려진 여타 사례들이다.

- 휴스턴, 캘거리, 퍼스를 중심으로 이루어지는 에너지 산업 네트워킹
- 제네바, 나이로비, 방콕을 중심으로 한 비정부기구 활동
- 로스앤젤레스, 뭄바이, 홍콩을 중심으로 한 영화 제작 산업
- 런던, 두바이, 쿠알라룸푸르를 중심으로 한 이슬람 금융 서비스
- 워싱턴 D.C., 베이징, 모스크바를 중심으로 한 외교 네트워크

도시의 폭발적 성장

앞 장에서 제이콥스 외부성 개념은 도시에서 사업을 수행하는 데 있어 중요한 경제적 이점이자 핵심적인 집적 효과로 소개되었다. 이런 외부성은 도시에서만 가능한 활동의 다양성과 그로부터 파생되는 상업적 기회에서 비롯된다. 그러나 본 장에서 살펴보았듯이 도시는 그 연결성과 관련해서도 다양하다. 제이콥스(Jacobs, 1970)는 도시를 통한 경제성장론에서 집적과 연결성을 결합했다. 그녀의 주장은 도시 성장의 경로가 일반적으로 점진적 형태를 따르지 않는다는 사실에 초점이 맞춰져 있다. 도시의 성장은 오히려 상대적으로 짧은 기간 동안 집중적인 경제 급등으로 나타나는 특징을 지닌다는 것이다. 이는 도시를 이해하는 데 있어 그녀의 핵심적인 통찰이다. 실제로 그녀는 도시를 그러한 경제적 급등을 최소한 한 번 이상 경험한 정착지로 정의한다. 일부 도시는 오직 한 번만의 경제 급등을 경험했다. 그녀는 자신의 고향인 펜실베이니아 주의 스크랜턴을 그 사례로 든다. 이 도시는 20세기 초 몇십 년 동안 빠르게 성장했지만 그 이후에는 그렇지 못했다. 이에 반해 대도시들은 여러 차례의 경제 급등을 경험하였고 이는 그러한 도시들로 하여금 엄청난 경제적 다양성을 경험하게 했다. 제이콥스는 이런 급등의 시기를 거대한 경제적 동력이 분출되는 시기로 간주하며 이를 "폭발적 도시 성장(explosive city growth)"으로 명명한다.

제이콥스는 이 과정을 설명하기 위해 역사적 경험과 동시대 경험을 아우르는 사례를 제시한다. 전형적 예증 중 하나는 제2차 세계대전 말기의 로스앤젤레스이다. 이 도시는 태평양 전쟁에서 선두적 산업도시였지만 1945년 이후에는 항공기 제조업과 조선업이라는 두 핵심 산업이 급격히 쇠퇴했다. 그러나 모든 예측을 뒤엎고 로스앤젤레스는 번성했다. 새로운 경제적 급등이 발생하면서 이 도시의 경제 규모는 전쟁 이전보다 커졌다. 1949년에는 미국 내 신규 창업 기업의 8분의 1이 로스앤젤레스에서 생겨났고 이는 다양한 생산 부문에 걸쳐 있었다. 이 도시는 미국의 전후 호황을 이끄는 도시였다. 이 시기 더욱 인상적인 사례는 독일에서의 전환이었다. 문자 그대로 전쟁의 잿더미 속에서 도시들이 물리적으로 재건되었는데 10년도 지나지 않아 이 도시들이 유럽의 전후 경제 호황을 주도했다. 이 두 사례 모두에서 성공은 점점 더 연결되는 세계 속에서 새로운 집적 효과를 창출한 데 있었다. 그렇다면 이러한 폭발적 도시 성장을 가능하게 하는 실제 메커니즘은 무엇이었는가?

집적과 연결성 간의 구체적 연계를 통해 경제적 급등을 창출하는 메커니즘은 수입 대체(import replacement)와 그에 따른 수입 전환(import shifting)이다. 이는 국가 차원에서 특정 산업을 국내에 유치하기 위한 경제 계획인 수입 대체(import substitution)의 국가정책과 완전히 다르다. 그것은 오히려 정반대에 가깝다. 제이콥스가 말하는 수입 대체는 성장하는 도시에 국한된 자생적인 경제 과정이다. 이는 도시 내 기업들이 현재 다른 도시에서 수입하고 있는 제품을 자력으로 생산할 수 있음을 인식하는 데서 출발한다. 이때 단순한 제조 복제가 아니라 그 도시 고유의 기술과 방법을 활용한 새로운 생산 방식이 동원된다. 따라서 이는 한 국가에서 다른 국가로 산업을 이전하는 식의 국가적 수입 대체와는 달리 한 도시의 맞춤형 적응이라고 할 수 있다. 그 결과 기존의 도시 연결성을 활용하여 새로운 집적이 형성된다. 이후 연결성은 새로운 상황에 맞게 재구성된다. 즉 특정 수입 제품이 더 이상 필요하지 않게 되면서 새로운 제품 수입에 대한 수용 능력이 생겨나고 이는 수입 전환을 유도한다. 제이콥스는 이것이 어떤 도시가 다른 도시의 경제를 약탈하는 과정이 아니라고 주장한다. 왜냐하면 전반적인 경제 거래 규모는 증가하기 때문이다.

그녀의 첫 번째 사례는 19세기 말 도쿄에서 발달한 자전거 제조업이다. 자전거는 유럽과 미국에서 도쿄로 수입되었고 이에 따라 현지 장인들은 자전거 수리업을 시작했다. 이들은 필요한 경우 부품을 직접 만들어 사용하기도 했다. 수리업의 규모가 커지면서 점차 전체 자전거를 제작할 수 있게 되었는데 그것은 수입품과 같은 대량생산 방식이 아니라 도시 내 다양한 소규모 작업장에 기반한 방식이었다. 이후 도쿄는 더 이상 자전거 수입을 하지 않게 되었다. 대신 새로운 기계류 수입이 증가했다. 이는 자전거를 수출하던 도시들에서 생산된 것이었다. 이 과정을 통해 일본의 도시들은 20세기에 이르러 유럽과 미국의 산업화를 대체할 수 있는 세계적 엔지니어링 집적지로 부상했다.

이러한 폭발적 도시 성장의 메커니즘은 오늘날 세계 인구의 과반수가 도시 거주자가 된 데 기여한 보편적 과정이다. 역사적으로 이는 모도시(mother city)에서 다른 도시로 수출이 이루어지고 이를 수입한 도시는 다시 수입대체와 수입전환을 통해 새로운 집적과 연결성을 창출하며 발전해온 연쇄의 산물이다. 세계사를 바꾼 대표적인 두 가지 사례는 다음과 같다.

- 콘스탄티노플(모도시) → 베네치아 → 밀라노(및 기타 북이탈리아 도시들) → 암스테르담(및 알프스 북부 도시들). 근세 초기 세계 경제에서 서유럽 도시들의 우위를 형성.
- 런던(모도시) → 뉴욕(및 미국 북부 해안 도시들) → 시카고(및 중서부 제조업 도시

들) → 로스앤젤레스(및 미국 서부 도시들). 20세기 세계 경제에서 미국 도시들의 우위를 형성.

두 경우 모두에서 두 번째 도시(베네치아와 뉴욕)는 모도시로부터의 수입 대체를 통해 폭발적인 경제 성장을 경험했으며 이러한 패턴은 연쇄적으로 이어져 오늘날의 세계 도시 네트워크 이전에 존재했던 대규모 도시 네트워크들을 형성했다.

그러나 폭발적 도시 성장은 결코 자동으로 일어나는 게 아니다. 연결성을 상실할 경우 도시는 쇠퇴한다. 제이콥스는 고전기 아디스아바바의 사례를 통해 이를 설명한다. 이 도시는 초기 기독교의 전초기지였지만 8세기 이집트를 정복한 이슬람의 부상으로 인해 지중해 도시 네트워크로부터 단절되어 수 세기 동안 침묵 상태에 머물게 되었다. 최근에는 국가가 반도시적 의제를 갖고 있거나 도시의 중요성을 이해하지 못한 채 시행하는 단순한 경제 계획이 도시의 연결 단절을 초래하는 일들이 일어나고 있다. 이에 대해서는 제7장에서 다룰 것이다.

결론적 보충: 함께 작동하는 집적과 연결성의 외부효과

집적과 연결성의 이점은 함께 이뤄질 때 가장 잘 작동한다는 점을 이해하는 것이 중요하다. 산업혁명 초기 영국에서 일어난 모직물 산업의 지리적 이동은 이를 잘 보여주는 사례다.

근세 초기부터 18세기 초까지 모직물 제조업은 잉글랜드의 이스트 앵글리아와 남서부 지방에 위치한 비교적 작은 도시들에 집중되어 있었다. 그러나 그 세기의 말에는 요크셔가 중심지가 되었다. 리즈, 브래드퍼드, 핼리팩스, 허더즈필드 등은 북잉글랜드에서 산업혁명을 견인한 신흥 도시들이었다. 그렇다면 어떻게 한 산업 전체가 이처럼 재배치되었을까? 우리는 흔히 산업혁명을 대규모 공장 체제의 도입을 통해 전개된 것으로 이해하지만 앞의 경우에는 그런 요인이 작용하지 않았다. 요크셔 모직물 산업의 부상은 대규모 공장 도입에 선행했기 때문이다. 따라서 우리는 산업의 구 중심지와 신 중심지 간 작동 방식 차이에 주목해야 한다(Wilson 1971; Gregory 1982).

우선 잉글랜드 남부 지역의 산업부터 살펴보자. 이 지역은 오랜 전통의 모직물 산업을 보유하고 있었고 장기적으로 집적된 기술과 관행을 통해 시장에 공급할 제품을 생산했다. 이러한 제품은 런던의 일반 상인들에게 인수되어 유럽과의 무역과 관련하여 기존의 관행을 따라 판매되었다. 이 같은 거래 구조는 오랜 시간 동안 유지되었으며 해당 산업 집적의 안정적 재생산을 가능케 했지만 두드러진 경제 확장은 이뤄지지 않았다.

한편 요크셔 지역의 도시들 또한 모직물 생산을 위한 산업 집적을 보유하고 있었지만 그 유통 방식은 전혀 달랐다. 이 지역은 외부 상인에 의존하지 않고 지역 상인을 활용하였다. 더 중요한 점은 이들이 일반 상인이 아니라 모직물 유통에 특화된 전문 상인이었다는 사실이다. 런던 상인들이 모직물을 저가에 구매하여 고가에 되파는 일반 상품 중 하나로 취급한 반면 요크셔의 상인들은 자신들이 판매하는 천에 대한 전문지식을 보유하고 있었고 유럽 시장에서 판매를 확대할 전략적 능력을 갖추고 있었다. 이들은 자신들이 판매하는 상품에 대한 깊은 이해를 바탕으로 새로운 시장을 적극적으로 개척하고 생산자에게 시장의 변화에 대한 정보를 전달할 수 있는 능동적 상인이었다.

그 결과 잉글랜드 남부 두 지역의 모직물 생산의 경우 집적 외부성이 연결성 외부성의 뒷받침을 받지 못해 정체된 반면 요크셔에서는 두 외부성 함께 작동함으로써 도시들이 급속히 성장했다.

도시 인사이트 E

T. H. 로이드의 잉글랜드 내 독일 한자

로이드(Lloyd, 1991)는 자신의 저서 『잉글랜드와 독일 한자(England and the German Hanse, 1157-1611)』에서 14세기 초 독일 한자의 영국 내 교역 중심지가 링컨셔의 소도시 보스턴이었다고 주장한다(39쪽). 이는 다소 이례적 현상이었다. 비록 일시적이기는 했으나 보스턴은 북유럽 전역에 걸쳐 형성된 한자 도시 네트워크 속에서 런던보다 더 중요한 위치에 있었다. 그는 흔히 한자동맹으로 알려진 이 조직을 "육상 및 해상에서의 상업 활동이 바람직하고 유리한 결과를 얻을 수 있도록 보장하고 해적과 도적에 대한 효과적인 방비를 목적으로 결성된 다수 도시, 마을, 공동체들의 확고한 연합체"로 정의하였다(7쪽). 여기서 주목할 점은 한자동맹의 기능, 즉 상업 활동의 촉진과 보호를 오늘날 우리는 근대 국가가 수행해야 할 역할로 간주한다는 점이다. 독일 한자는 영토적 통치체로서의 국가에 대한 역사적 대안, 곧 도시 네트워크를 제공한다. 로이드의 연구는 도시에 대한 이해에 독보적인 기여를 하는데 이는 활발히 작동하는 도시 네트워크와 영토 국가, 즉 중세 및 근세 초기 잉글랜드 왕국 사이의 관계를 구체적으로 다루기 때문이다. 이 연구는 도시와 국가 간 관계의 상이한 형태를 보여준다.

한자는 거의 400여 년 간 존속하며 느린 쇠퇴의 과정을 겪었으나 여기서는 13세기와 14세기, 즉 생동감 넘치는 초기 시기에 집중하고자 한다. 한자는 수백 개의 독일 도시들이 결집한 연합체로 크게 세 개의 주요 집단으로 구성되었다. 첫째는 쾰른과 도르트문트를 중심으로 한 라인강 하류 지역의 도시들이고 둘째는 함부르크와 뤼벡을 중심으로 한 중부 도시들이며 셋째는 단치히가 중심이 된 발트해 도시들이다. 주요 의사결정은 뤼벡에서 개최된 집회(Diet)에서 이루어졌다. 독일 영토 외부에도 한자 상인 공동체들이 북유럽 전역의 여러 도시에 존재했는데 이들은 콘토르(kontor)라는 조직 형태로 구성되어 해당 도시의 구성요소로 인식되었다. 런던의 콘토르는 스틸야드(Steelyard)로 불렸으며 독일 상인 공동체가 도시 생활에 통합된 방식을 잘 보여준다. 스틸야드는 자체적인 런던 시의원을 보유하고 있었고 런던의 성문 중 하나에 대한 재정 지원 및 통제라는 치안 임무를 수행하였다(21-22쪽). 잉글랜드 북해 연안 역시 한자의 교역 영역에 포함되었으며 헐, 보스턴, 야머스에는 소규모 콘토르가 조직되었고 뉴캐슬, 린(현재의 킹스린), 입스위치 등지에는 콘토르 없이 독일 상인들이 활동했다.

영국 내 한자 상인의 중심지는 런던에 위치했는데, 이는 그곳이 중앙 정부 소재지였기 때문이다. 따라서 독일 상인들의 영국 내 활동 조건은 스틸야드, 왕, 왕의 평의회, 그리고 뤼벡 집회 사이의 협상으로 조율되었다. 이에 더해 영국 의회와 특히 런던 시장실이 또 다른 이해당사자였다. 이 협상 과정에서 국익이라는 개념은 나타나지 않으며 각기 다른 잉글랜드 왕들이 항상 자국 상인 편에 서는 것도 아니었다. 예컨대 독일 상인들은 종종 런던 시장을 우회하여 직접 왕에게 청원하였고(23-24쪽), 경우에 따라 이는 왕이 협상 중 런던의 도시 헌장을 정지시키는 결과로 이어졌다(21-22쪽). 또한 한 번은 의회가 영국 상인들과 한자 간의 분쟁에서 한자의 입장을 지지하기도 했다(p. 45). 이처럼 상업 및 재정적 이해관계가 복잡하게 얽혀 있었다. 여기에는 두 가지 중대한 사안이 존재한다. 왕의 관점에서 보면 한자가 가져오는 무역 물품은 영국 내에서 과세 대상이 되어 전통적으로 귀족 지주층의 부에 의존하던 재정 기반에서 벗어나는 독립적 수입원을 제공하였다. 즉 한자 과세는 의회로부터 일정 정도의 재정적 자율성을 제공하였다. 또한 의회 내에도 한자와의 교역에 경제적 이해를 가진 인사들이 존재했다. 그러나 동시에 한자는 외국인이기 때문에 또 다른 주요 사안은 영국 상인들이 독일 항구에서 한자 상인들이 영국에서 누리는 것과 같은 교역 권리를 보장받는 것이다. 이러한 상호주의적 요구는 영국 상인들이 한자가 구축한 북유럽 도시 간 네트워크에 참여하려는 의도를 반영했다.

네트워크로서의 한자에 참여하는 과정에서 영국 도시들은 도시 간 연결을 통해 조망되어야 하며 실제로 이러한 연결은 비교적 단순하였다. 동해안의 각 도시는 주요 교역 상대 도시와 일대일 연결을 형성하였다. 이에 보스턴과 노르웨이의 베르겐, 헐과 발트해의 슈트랄준트, 입스위치와 쾰른, 린과 브레멘, 야머스와 함부르크가 연결되었다(85-91, 368쪽). 런던의 주요 한자 파트너는 쾰른이었다. 런던의 스틸야드는 영국 내 한자 상인의 공동 이익을 대변하였지만 동해안 도시 공동체들은 "상당한 자율성"을 보유했다(37쪽). 이러한 지방 중심지들은 "수도의 경제생활에는 거의 또는 전혀 관심이 없었으며"(37쪽), 상업적 이해는 각자의 교역 파트너 도시에 초점이 맞추어져 있었다. 이 맥락에서 13세기 후반 보스턴에서의 한자 교역이 런던보다 더 활발하게 성장하였다.

그러나 이 상황은 지속되지 않았고 14세기 말에는 "런던 콘토르가 보스턴보다 더 중요한 위치를 차지하게 되었다"(75쪽). 이 과정에는 두 가지 요인이 작용했다. 연결성 측면에서 런던은 항상 쾰른 외에도 많은 연결을 보유하고 있었고 수입과 수출 품목의 범위도 동해안 항구들의 그것보다 훨씬 넓었다. 이는 런던 상인들로 하여금 "더 많은 자본과 시장에 대한 전문지식"을 보유하게 했다(79쪽). 이에 반해 보스턴에서 베르겐과의 교역을 활발히 했던 이는 뤼벡 출신 상인들이었다(84쪽). 집적 효과 측면에서 런던은 언제나 가장 큰 도시였고 영국 무역이 원자재(양모) 수출에서 제조품(모직물) 수출로 전환하면서 이들 제조가 항구 도시 내에서 일어나지 않았다는 점도 중요하다. 이에 따라 "지방 무역을 의도적으로 억제하려는 시도는 존재하지 않았다. 쇠퇴는 상업적 요인과 우연적 사건에 의한 결과였다"(368쪽). 여기서 "우연적 사건"은 예컨대 야머스에서의 부패 스캔들로 인해 함부르크 상인들이 철수한 사례(163쪽), 또는 보스턴이 영국-루벡 간 분쟁으로 타격을 입은 경우(368쪽) 등을 의미한다. 이들 사례는 단지 상업적 연결을 구축하는 것만으로는 경제적 회복력을 확보하기에 부족하다는 점을 보여준다.

끝으로 영국과 한자 간의 협상 과정에서 지속적인 갈등 요인 중 하나는 영국 측이 한자의 실제 구성원을 파악할 수 없었다는 점이다(36, 180쪽). 이런 비확정적 유연성은 영토 기반 외교에서는 결코 가능한 일이 아니다. 영토는 도시 네트워크에 비해 그만큼 물질적으로 확고한 존재이기 때문이다.

5장
—

수요를 창출하는 도시

서론: 경관을 형성하는 도시들

이번 장과 다음 장에서는 도시가 경제적 불평등을 야기한다는 주장을 전개한다. 이 명제는 경제적 불평등을 연구하는 이들 사이에서 일반적으로 받아들여지는 인식은 아니다. 가난한 사람들과 부유한 사람들, 그리고 그 사이의 모든 이들을 비교하는 통계분석에서는 도시가 단지 하나의 분석 단위로만 간주된다. 불평등에 대한 측정은 대개 국가 내 혹은 국가 간 수준에서 수행된다. 이 맥락에서 도시에서 발견되는 불평등의 정도는 관련된 국가 및 국제적 수준을 반영하는 것으로 해석되며 도시는 이렇게 더 큰 규모에서 작동하는 과정들에 내포된 것으로 간주된다. 물론 상위 차원의 과정들이 중요하지 않은 것은 아니지만 이러한 사고방식은 경제적 불평등이 어떻게 생산되는지를 간과하고 있다. 불평등, 즉 도시적 차원만이 아니라 국가 그리고 국제 차원의 불평등의 핵심에는 도시의 기본적 역동성이 자리하고 있기 때문이다. 아래에서는 도시의 외부 관계가 갖는 또 다른 구성 요소로서 불평등의 생성에 대해 살펴본다. 다음 장에서는 도시 내부의 불평등에 초점을 맞출 것이다.

지금까지 도시를 경제적 과정으로 논의할 때는 주로 상품과 서비스의 생산, 즉 도시가 시장에 공급하는 것에 초점을 맞추었다. 그러나 모든 공급에는 수요가 수반된다. 또한 도시가 소비중심지라는 것도 매우 분명하다. 실제로 도시는 매우 '수요가 많은(demanding)' 존재다. 기원전 5,000년 전 메소포타미아의 최초의 대규모 도시 네트워크로 돌아가 보자면 도시는 추정 인구 25만 명 이상의 거주자들로 구성된, 따라서 그 자체만으로도 일상적 재생산을 위한 방대한 시장이었다. 경제적 관점에서 볼 때 도시는 완전히 새로운 차원의 수요를 생성한다. 이런 과정은 모든 문명의 창출과 함께 반복되며 그 결과는 예컨대 계곡의 관개, 언덕의 계단식 개간, 그리고 지역적으로 조달할 수 없는 필수 재화들의 교역 등으로 나타난다. 핵심은 도시가 자신을 둘러싼 경관을 형성해 나가는 방식이 바로 이러한 수요의 크기에 따라 달라진다는 점이다.

덧붙이자면 도시의 특징인 경제적 급성장은 이러한 경관 형성 과정 자체를 역동적으로 만든다. 이는 단지 역동적인 도시 과정을 반영하는 것이 아니라 그 자체가 도시 역동성의 본질적 일부이기도 하다. 도시는 끊임없이 주변 세계를 변화시킨다. 그러나 앞 장에서 논의한 도시 간 네트워크 과정과 달리 이 장에서 다루는 도시의 외적 관계는 철저히 위계적이다. 도시의 수요가 경제적 방향을 결정하는 것이다. 도시 외부의 생산자들은 끊임없이 변화하는 도시의 소비 패턴에 따라 반응하는 시장 속에서 이 수요와 끊임없이 협상해야 한다. 이 장에서는 이러한 주제를 두 가지 방식으로 다룬다. 첫째는 도시 수요의 성장에 대한 실천적이고 물리적 대응이며, 둘째는 도시 수요의 극단적 표현인 단일경작 경관(monoculture landscape)이다.

시장과 장터를 넘어: 소비의 중심지들

도시의 경제적 수요 창출이 처음부터 완전하게 작동한 것은 아니었다. 나는 앞서 교역의 핵심 메커니즘이 도시가 출현하기 훨씬 전부터 등장했다는 점을 언급한 바 있다. 교역이 점차 조직화됨에 따라 매매가 안전하게 이뤄질 수 있는 장소들을 중심으로 하게 되었고 이로부터 도시 네트워크의 발전 가능성이 생겨났다. 그러나 초기 수요는 상대적으로 적었기 때문에 항구적 시장 중심지를 유지할 만큼의 충분한 교역은 존재하지 않았다. 따라서 매매 행위는 시간적으로 제한되었다. 현지 생산물에 대한 교역은 대개 주 1회의 주기적 시장에서 이뤄졌고 그 외부 물품에 대한 교역은 대개 연례적으로 개최되는 대형 장터(fair)에서 진행되었다. 전자는 세계적으로 흔히 발견되며 저개발 지역에서는 오늘날에도 존재한다. 장거리 교역에 해당하는 후자가 훨씬 더 도시적(city-like)이며 특정 분야에 한해서지만 현대 도시에서도 지속되고 있다. 예컨대 프랑크푸르트 도서관이나 밀라노 패션 워크가 대표적 성공사례다.

하지만 이러한 초기의 교역 조직들을 도시의 발전이라는 진화 모델의 일부로 해석해서는 안 된다. 거대한 장터가 특정 도시와 연계되어 있기는 하지만 장터에서 도시로의 자동적인 발전 경로가 존재하는 것은 아니다. 12세기와 13세기 서유럽의 샹파뉴 장터는 이 점을 매우 분명하게 보여주는 사례다. 샹파뉴 지역은 북유럽의 신흥 상업 지대와 지중해 유역의 더 발전된 상업 지대 사이에 위치해 있었는데 한동안 유럽 경제 발전의 핵심적인 허브가 되었다. 이곳에서는 양 지역의 상인들이 섬유 제품과 향신료 등 다양한 상품들을 교환하며 장거리 교역의 연결 고리를 형성하였다. 장터들은 연례 일정에 따라 네 개의 비교적 소규모 도시에서 여섯 차례 열렸다. 순서는 라니쉬르마른(Lagny-sur-Marne), 바쉬르오브(Bar-sur-Aube), 프로뱅(Provins), 트루아(Troyes), 다시 프로뱅, 그리고 다시 트루아의 순이었다.

이들 중 어느 곳도 활기찬 도시로 발전하지는 않았다. 외부 생산물의 교환 중심지라는 지위만으로는 도시 발전의 요건이 충족되지 않았던 것이다. 이 작은 도시들은 생산과 소비의 지역적 집적이 결여되어 있었기에 이후 유럽 도시들이 제노바와 브뤼헤 간의 해상 직접 연결을 통해 번영함에 따라 주변화되었다. 도시화 과정은 북이탈리아 저지대 국가들에 의해 촉진되었다. 샹파뉴의 도시들은 수요를 창출하거나 충족시킨 것이 아니라 단지 외부 수요를 외부 생산으로 충족시키는 장소에 불과했으며 이로 인해 한때 중요한 교역 중심지였음에도 결국 도시 네트워크의 노드, 즉 수요를 창출하는 도시(demanding cities)로 성장하지 못하였다.

역사 속의 거대 도시들은 이와 극명한 능력을 드러낸다. 그것들은 엄청난 수요를 만들어내는 존재였으며 그 인구가 백만 명을 넘어설 경우 특히 그러했다. 이런 사례로는 로마와 베이징이라는 두 제국적 수도가 있는데 이들은 먼 지역의 경관을 형성하는 과정을 잘 보여준다. 전자의 경우 시민들에게 곡물을 무상으로 배급함으로써 식량 문제에 대응하였다. 이에 북아프리카, 특히 이집트에서 지속적으로 선박이 도착할 수 있도록 특별 항구가 그러한 대응을 위한 물류체계로 구축되었다. 이집트는 제국에 통합된 이후 로마의 곡창지대가 되었으며 이는 지중해 반대편의 한 도시의 식량 수요를 충족시키기 위해 경제 구조가 재편된 결과였다. 베이징의 식량 수요는 훨씬 더 장대한 방식으로 충족되었다. 그것은 양쯔강과 황허를 연결하는 1,000마일 이상의 하천과 운하 체계를 구성한 대운하(Grand Canal)의 건설을 필요로 했다. 이로 인해 비옥한 양쯔강 삼각주의 곡물이 베이징 시민들의 식량으로 운송될 수 있었다. 이러한 두 거대한 물류 시스템은 각 제국의 정책이 수도를 지원한 결과이기도 하지만 실제로 그것을 작동시킨 힘은 도시 과정, 즉 집적과 연결에서 비롯된 것이다. 이러한 도시 과정은 거대한 경제적 수요의 창출에 기반했다. 그러한 수요의 충족은 필수불가결한 조건이었다.

제국적 로마와 베이징은 도시 식량 수요가 현지를 넘어서는 해결책을 요하게 되는 극단적 사례이다. 그러나 모든 도시들은 즉각적으로 자급자족할 수 있는 인근 지역의 공급 능력을 초과하여 성장하게 되며 현대 도시들에서 이는 더욱 그러하다. 오늘날에는 현재 식품이 틈새시장으로 밀려나고 세계적 규모의 시장 공급 체계가 점점 더 많은 초거대 도시들의 집합적 수요를 충족시키는 구조로 재편되고 있다.

공급 지역: 종속적 특화

인구 100만 명이 넘는 도시는 역사적으로 극히 드물었다. 1800년 이전에는 양손의 손가락으로 셀 수 있을 정도였으며 제국적 로마와 베이징 외에도 카이펑, 항저우, 난징과 같은 중국의 다른 수도들, 고대 알렉산드리아, 그리고 이슬람 칼리프 국가 가운데 가장 성공적이었던 바그다드가 그 사례에 속한다. 그에 반해 오늘날 인구 100만 명이 넘는 도시는 약 600개에 이르는 것으로 추정된다. 물론 그에 따라 인구 50만 명을 넘는 도시, 25만 명을 넘는 도시의 수도 증가하고 있다. 이로 인하여 자주 인용되는 것처럼 21

세기 초에는 도시 거주 인구가 인류 전체의 과반수를 차지하게 되었다. 이처럼 거대한 도시 수요를 충족시키는 것은 환경에 있어 심대한 함의를 갖는다. 이 점은 마지막 장에서 집중적으로 다뤄진다. 여기서는 이 상황에 이르게 된 경로를 설명하고자 한다.

19세기 첫 수십 년 동안 런던은 인구 100만 명에 도달하여 베이징을 앞서 세계 최대 도시가 되었다. 이 상징적 전환은 이후 100년 동안 서유럽 도시들과 북미 도시들이 빠르게 성장함으로써 더욱 확고해졌다. 1900년경에는 동시대인들조차 자신들이 거대 도시의 시대에 살고 있음을 인식할 정도였다(Weber 1899).

물론 일반적으로는 산업혁명이라는 명칭이 더 널리 쓰인다. 그리고 이는 새로운 도시 집적지의 생산에 초점을 맞춘다. 하지만 세계를 변화시킨 것은 그에 따른 경제적 수요였다. 실제로 산업 중심 지역의 복합 도시 경제는 세계 여러 지역의 생산 산출물을 북대서양권 도시들로 방향 전환을 하게 만들었다. 이 과정에서 산업 중심지의 도시 경제는 세계 곳곳에 특화된 지역 경제를 형성하게 했는데 이들 지역은 신흥 산업 도시들의 수요를 충족하기 위해 보통 하나 이상의 특정 상품 생산에 집중했다. 그 결과 만들어진 상업적 세계지리는 특정 상품 공급과 연관된 지역들로 구성된 글로벌 모자이크였다. 그 주요 예시로는 아르헨티나의 소고기, 호주의 양모, 벵골의 대마, 브라질의 커피, 스리랑카 실론의 차, 이집트의 면화, 말라야의 고무, 뉴질랜드의 양고기, 남아프리카공화국의 금과 다이아몬드, 서아프리카의 땅콩을 들 수 있다. 한편 산업화가 진행되던 미국 북동부의 도시들은 국내 공급지를 형성했는데 이들 역시 특정 상품으로 알려진 특화 지역이었다. 예컨대 콘 벨트(Corn Belt), 코튼 벨트(Cotton Belt), 텍사스의 소고기, 그리고 버

지니아의 담배 등이 그러하다. 그 결과 형성된 세계 경제는 서로 불균등한 두 영역이 고도로 통합된 형태를 취했는데 하나는 복합적 도시 경제가 수요를 창출하고 다른 하나는 단순 지역 경제가 공급을 담당하는 방식이었다. 이 구조는 20세기 대부분 동안 유지되었으며, 처음에는 선진국과 후진국, 이후에는 좀 더 낙관적으로 선진국과 개도국, 그리고 보다 중립적으로는 북반구과 남반구로 불렀다. 이런 용어 변화와 병행하여 보다 관계적인 접근을 취하는 중심-주변 이론도 등장하였다. 이 이론은 단순한 경제적 구분보다 양자 간의 상호작용에 주목하는데 특히 종속이 강조되었다. 이는 공급 지역의 생산이 경제 중심 도시의 수요 변화에 따라 움직인다는 점을 지적한 것이다. 달리 말해 중심-주변 이론은 경제적 격차 자체보다는 공간 간 상업적 관계에서 비롯되는 구조적 불평등을 설명하고자 했다.

종속성은 영구적 관계가 아니다. 그것은 본래 멀리 떨어진 도시들의 소비 수요를 충족시키기 위한 상업적 기회로부터 생겨난다. 이 과정은 상품 이동을 위한 물류 체계의 작동을 필요로 하며 이는 초기 허브의 구축을 동반한다. 하지만 이러한 허브는 경제적으로 종속적이지만 신흥 도시로 성장할 수도 있다. 따라서 각 공급 지역은 주요 항구나 내륙 관문을 보유하고 있게 되며 이런 초기 도시 과정이 얼마나 작동하는지가 경제적 종속성이 지속되는 정도를 결정한다. 이는 마지막 장에서 설명할 것처럼 종속 관계를 도시 간 상호성으로 전환하는 문제이다. 그리고 물류 허브는 본질적으로 전문 활동의 집적지이므로 도시 간 상호성의 발전은 이러한 결절점의 경제적 집적이 발전하는 정도에 달려있다.

매우 고립된 식민 도시에서는 지역 토착 네트워크와 장거리 정치 네트워크의 혼합이 종속성을 유지하는 원인이 된다. 반면 그 반대의 극단에 위치한 물류 허브로는 19세기 중반 캘리포니아 골드러시의 중심지였던 샌프란 시스코와 중서부 지역의 육류를 동부 해안 도시 및 그 너머로 운송하기 위한 철도중심지 시카고가 있다. 이들 미국 도시는 모두 대규모의 수입 대체(import replacement)와 수입 전환(import shifting)의 발생을 통해 점차 복잡한 집적을 형성했고 결국 급성장한 도시로서 미 전역에 걸친 도시 네트워크의 일부가 되었다. 그러나 세계 대부분의 지역에서는 경제적 종속성을 유지시키는 메커니즘이 도시 간 상호성을 촉진하는 메커니즘보다 강력하게 작동했고 이는 20세기 후반까지 지속되었다. 바로 이 점이 20세기 말 새롭게 등장한 경제적 세계화를 가능케 한 세계적 불평등의 유산이다.

종속적 특화가 경관으로 표출되는 방식은 단일경작이다. 이는 시장이 생산의 효율성에 가치를 부여하기 때문에 발생하는 현상이다. 생산의 효율성은 단일 상품의 생산을 통해 가장 잘 달성되기 때문이다. 최초 이는 사탕수수 그리고 다음에는 면화와 담배 등을 위한 플랜테이션 농업에서 전형적으로 나타났다. 이후 그것은 모든 공급 지역으로 일반화되었다. 오늘날 이런 생산방식은 산업적 농업으로 불리며 단일 작물 또는 단일 가축 방목이 이뤄지는 단조로운 경관을 형성한다. 여기서 '산업적'이라는 형용사가 다소 아이러니하게 느껴질 수도 있는데, 이는 해당 경제 과정이 생산 부문 간 구분을 존중하지 않기 때문이다. 제조업의 대규모 특화 역시 도시에서 경제적 단일화를 초래한다. 19세기의 '면직도시' 맨체스터와 20세기의 '모터도시' 디트로이트가 대표적 사례다. 문제는 이런 식의 특화도시의 경우 그 지배적 산업이 낡은 산업이 되었을 때 무엇을 대체 자원으로 삼을 수 있는가이다. 이 질문은 20세기 후반 들어 특히 시급하게 대두되었는데 이는 세계적으로 산업의 재배치가 진행되었기 때문이다. 서유럽과 미국 북동부의 전통 산업 중심지가 급속히 쇠퇴하면서 생산은 이전에는 산업화되지 않았던 지역들로 옮겨졌다. 초기에는 미국 남부 도시들, 동아시아 도시들, 라틴아메리카 도시들이었으며 이후에는 오늘날 세계 주요 산업재 공급 지역이 된 중국 도시들이 그 중심이 되었다.

이러한 새로운 경제적 상황에서 기존의 이중적 경제발전 개념들은 현대 도시를 설명하는 데 더 이상 적절하지 않다. 과거의 이중성은 '근대적'과 '산업적'이라는 두 형용사가 사실상 동의어로 간주된 시기에 형성된 것으로 근대적이라는 것은 곧 산업적이라는 의미였다. 이러한 등치는 100년 이상 지속되었으나 더 이상 유효하지 않다. 근대 도시는 새롭게 재구성되어야 했고 그 과정에서 생산과정보다 소비가 핵심으로 부상하게 되었다. 21세기의 도시는 더욱 많은 수요를 갖게 되었고 이는 중국 도시들이 수행한 인류 역사상 가장 거대한 산업 혁명에 의해 충족되고 있다. 너무 많은 수요, 이 세계적 이야기는 9장의 주제다.

결론적 보충: 농촌은 어디로 가는가?

이 장의 중심 주제는 도시를 매개로 한 경제적 수요의 권력이었다. 이런 형태의 권력이 갖는 성격은 우리가 통상적으로 알고 있는 권력 행사의 그것보다 훨씬 미묘하다. 1장에서 논의한 바를 다시 상기하면 행위를 통해 권력을 행사하는 것은 국가의 방식이다. 법을 제정하고 정책을 수립하며 전쟁을 수행하는 행위들은 이런 권력의 전형적 표본이다. 이에 비해 경제적 수요를 통해 작동하는 권력은 훨씬 더 근본적인 성격을 지닌다. 그것은 도시를 하나의 경제적 과정으로 유지하고 재생산하기 위해 필수적인 일상 행위를 반복해야 한다는 요구로부터 비롯된다. 나는 도시 거주민을 먹여 살려야 할 필요성이 농촌 경관을 공급지로 재편했음을 사례로 제시했다. 그러나 경관을 변화시키는 이런 권력의 더욱 극명한 사례는 급속히 팽창하는 도시에 물을 공급해야 한다는 요구에서 찾아볼 수 있다. 이 경우 경관의 단순 재편을 넘어 농촌 경관 자체가 완전히 사라지는 일이 발생한다.

예컨대 비교적 최근 사례로 맨체스터와 로스앤젤레스 모두가 심각한 물 부족 위기를 겪은 바 있으며 두 도시 모두가 그러한 위기를 선제적으로 해결하기 위해 유사한 조치를 취하기도 했다. 영국에서는 맨체스터가 160마일 떨어진 레이크 디스트릭트의 계곡을 수몰시키는 방식으로 해결했고 로스앤젤레스는 233마일 떨어진 시에라 네바다 동부의 계곡을 수몰시켰다. 두 사례 모두에서 계곡을 파괴하고 도시로 물을 이송하기 위한 수로를 건설하는 데 정치적 결정이 동원되었다. 그러나 이 정치적 조치는 본질적으로 실천을 위한 기술적 장치에 불과하다. 핵심은 두 계곡 지역 주민들의 반대가 있었음에도 불구하고 맨체스터와 로스앤젤레스는 필연적으로 그 물을 확보하게 되어 있었으며 설령 이 계곡이 아니었더라도 다른 계곡을 수몰시켰을 것이라는 점이다. 두 도시가 물 부족으로 인해 전면적인 도시 이전을 감행하는 것은 상상조차 할 수 없는 일이다. 그들의 수요는 필수적인 것이며 반드시 충족돼야 하는 도시적 요구인 것이다.

이런 논의는 농촌이라는 개념의 의미를 다시금 정면으로 제기한다. 일반적으로 농촌은 도시의 반대 개념으로 이해되지만 여기서는 농촌을 도시의 산물로 해석한다. 그런 점에서 농촌은 자율적 과정이 아니라 도시의 형성 과정이라는 단일한 경제적 과정 속에서 있는 하나의 경관 유형으로 이해하는 것이 타당하다. 대다수 면적의 국토가 명백히 농촌임에도 불구하고 부유한 국가들이 도시사회로 불려온 것은 이런 인식을 반영하는 것이다. 오늘날 이런 사고방식은 지구적 차원으로까지 확장된다. 가스 배출에서부터 플라스틱 폐기물에 이르기까지 심화된 도시 과정에서 발생하는 오염은 전형적인 농촌 공간을 넘어 무인 극지방과 심해에까지 이르고 있다. 이제 도시 과정은 어디에나 존재한다.

도시 인사이트 F

윌리엄 크로논의 '급성장하는 시카고'

크로논(Cronon, 1991)의 『자연의 메트로폴리스(Nature's Metropolis)』는 1830년대 군사 요새 주변의 작은 정착지에 불과했던 한 도시가 한 세기도 걸리지 않아 세계의 주요 도시 중 하나로 도약하게 된 놀라운 성장 이야기를 다룬다. 크로논은 이 잘 알려진 이야기를 "도시와 농촌 사이의 역사적 여정"이라는 틀로 서술한다(8쪽). 그의 목적은 시카고라는 도시와 그 배후지인 광대한 서부(Great West) — 로키 산맥과 태평양에 이르는 대륙 너머까지 — 의 이중적 변화를 그려내는 데 있다. 이 과정에서 그는 양자에 동등한 중요성을 부여한다. 이러한 "통합 서사"(xvi쪽) 속에서 시카고의 형성은 광대한 서부의 형성과 결코 분리될 수 없다.

이 작업을 통해 그는 미국 서부 확장에 대한 전통적 명제, 즉 프레드릭 잭슨 터너(F. J. Turner)의 '프런티어 논제'를 정면으로 비판한다. 우리는 이 '프런티어' 서사를 서부극(Westerns)이라는 영화 장르를 통해 잘 알고 있다. 크로논은 이처럼 본질적으로 농촌 중심적인 이야기를 대도시가 주도하는 발전 과정으로 대체한다. 흥미롭게도 이런 주장을 전개하며 그는 지금은 "더 이상 읽히지 않는"(46쪽) 부스터(booster) 언어를 구사하던 토지 투기꾼들을 재조명한다. 그는 이들이 농촌 중심의 역사학자들보다 서부 발전의 현실에 보다 더 근접한 인식을 갖고 있었다고 주장한다. 투기꾼들에게 도시는 "에너지를 방출하는 중심지"(13쪽)였고 이는 "도시의 중력 이론"(38쪽)으로 설명된다. 이것이 크로논이 그리는 시카고다. 그는 시카고를 "소용돌이"(29쪽)로 묘사하며 "경제적 지진"(247쪽), "폭발적 성장"(265쪽)을 이루는 도시로 그린다. 그러나 크로논에게 있어 그것은 단지 도시의 변화만이 아니었다.

새로운 농촌 세계들이 동시에 창출되었다. 그는 시카고를 "가장 웅장하고 극적인 세계 농산물 박람회가 열리는 장소"(98쪽)로 표현한다. 이는 그가 자신의 접근을 '특이하다'고 칭하는 이유를, 아울러 상품의 흐름이라는 주제를 중심으로 책을 구성한 이유를 설명한다(xvi쪽).

시카고를 경유하는 세 가지 주요 상품 흐름, 즉 곡물, 목재, 육류는 도시와 그 배후지를 근본적으로 변화시켰다. 이들 흐름은 모두 철도라는 물류 기반의 혁신에 의해 가능했다. 그것은 엄청난 규모로 전개되었다. 곡물의 경우 초기에는 자루에 담아 운반했다. 핵심적 혁신은 대형 곡물 엘리베이터의 도입이었다. 이 시스템은 다양한 출처의 곡물을 통제하기 위해 엄격한 등급 구분을 요구했고 이를 통해 상품의 유통 방식이 완전히 혁신되었다. 이는 곧 금융 혁신으로 이어졌는데 곡물 수취증이 자본 흐름으로 전환되었고(120쪽), 이것이 새로운 전신망과 결합하면서 (121쪽) 시카고 선물시장이 탄생했다(124쪽).

이처럼 급속한 도시 집적과 거대한 혁신의 관계는 육류 산업, 특히 소고기 산업에서 가장 극적으로 나타난다. 돼지는 전통적으로 염장 처리되는 제품이었지만 소는 도살, 정육, 소비까지 신선한 상태로 이루어져야 했기에 살아 있는 상태로 시장까지 운반되어야 했다. 그러나 냉장 철도차량과 해체라인의 발명으로 모든 것이 바뀌었다. 해체라인은 각 도체를 여러 부위로 나누는 공장 시스템이었고 이는 전통적 도축장을 크게 낭비시키지 않는 방식으로 작동했다. 이를 통해 정형된 고기 부위를 냉동 포장하여 일반 소비자에게 판매하는 새로운 육류 가공 산업이 탄생했다. 집약적 마케팅 전략에 힘입어 미국의 육류 시장은 완전히 재편되었다. 하지만 도체는 단순히 고기 이상의 것을 제공했다. 하나의 동물은 "수십, 수백 개의 상품"으로 전환되었다(250쪽). 이에 따라 육류 가공 회사들은 화학 실험실을 갖춘 대규모 기업으로 성장했으며 이 실험실에서 단추, 브러시, 접착제, 비료 등을 제조하고 건조된 피와 분쇄된 뼛가루는 약제로 활용되었다(250쪽). 이는 말 그대로 광속 혁신이다.

시카고의 배후지는 완전히 재편되었다. 수천만 마리의 들소가 사라졌다(237-41쪽). 시카고는 진정한 대도시가 되었다. 새로운 공장에서 각종 상품이 생산되었고 (311-12쪽) 증가하는 도시 인구는 백화점에서 그것들을 소비했으며 극장, 오케스트라, 미술관과 같은 고급 문화 및 대규모 출판 산업도 성장하였다(281쪽). 이러한 출판 산업은 또 하나의 획기적 혁신을 불러왔다. 바로 우편 주문 카탈로그를 통한 소비의 확장이다. 몽고메리 워드(Montgomery Ward)와 시어스(Sears)는 이를 통해 배후지 주민들에게 도시 상품을 소비할 수 있는 기회를 제공했다(335-7쪽). 시카고는 그야말로 "분주한 벌집"(337쪽)이 되었다.

이러한 경제적 대성공은 시카고가 미국의 경제적 통합을 주도한 새로운 철도망의 중심에 위치했다는 점에 기반한다. 시카고 철도망은 줄기와 부채꼴 패턴을 형성했다(90쪽). 서쪽으로는 배후지를 향해 철도가 방사형으로 뻗었고, 동쪽으로는 주요 간선이 집중되었다. 양쪽 철도망은 모두 시카고에서 종결되었다(83쪽). 이로써 시카고는 관문 도시, 즉 동도 서도 아닌 그 사이의 중심지로 자리 잡았다(283쪽). 특히 이 양 방향 간의 관계는 본질적으로 달랐다. 서쪽은 공급지, 동쪽은 시장 수요지였는데 바로 이 시장 수요가 도시적 성장 과정을 가능하게 했다. 따라서 크로논은 도시와 배후지를 통합한다고 말하지만 그는 그 이상을 시도하고 있다.

그는 책 전체를 통해 시카고를 세계경제라는 보다 넓은 틀에 연결한다. 예컨대 다음과 같은 언급들이 그것을 보여준다: "'대도시 중심부(metropolitan core)'는 대서양 동쪽이든 서쪽이든 어딘가 동부에 존재할 것이다"(51쪽). 시카고는 "유럽과 미국 북동부의 대도시 중심 경제의 서부 전초기지"(60쪽)였고 "도축육(dressed beef)은 미국 전체는 물론 영국까지도 시카고의 배후지로 끌어들였다"(238쪽). "세계 전체가 시카고의 배후지가 되어야 한다"(255쪽). 그러나 마지막 두 인용에서 사용된 배후지라는 용어는 부적절하다. 도시 간 연결망의 일부인 동부와의 관계는 서부의 공급지와 달리 상호성이 강하며 보다 대등한 성격을 띠기 때문이다. 크로논은 뉴욕이 없었다면 시카고의 성공 스토리도 불가능했다고 주장한다. "북미 어느 도시보다 강력한 금융 기관"과 "유럽 시장으로의 가장 직접적인 접근성" 때문이다(62쪽). 끝으로 크로논의 이전 저작들은 농촌 지역의 역사서들이었다. 내가 보기에 그는 농촌에 대한 바로 이 깊은 이해를 바탕으로 현존하는 가장 뛰어난 도시 연구서를 집필한 것이다. 그는 도시를 이해한다. 왜냐면 그가 농촌을 알기 때문이다.

6장

분열된 도시

서론: 불평등을 촉진하는 이주

도시는 이주를 필요로 한다. 19세기 공중보건 개혁 이전만 하더라도 도시의 고밀도 거주 환경은 건강에 매우 해로웠다. 그 결과 사망률이 출생률을 초과했다. 이주가 없었다면 도시는 그냥 쇠퇴했을 것이다. 하지만 실제로는 그렇지 않았는데 이는 도시가 높은 사망률을 상회하는 강한 유인력을 발휘했기 때문이다. 이주는 단지 질병으로 인한 사망자의 수를 상쇄하는 데 그치지 않았다. 도시를 통한 경제발전은 점점 더 많은 노동력을 필요로 했기에 이주는 필수적이었다. 따라서 앞 장에서 서술한 도시의 여러 가지 수요에 새로운 노동에 대한 수요의 점증 역시 추가되어야 한다. 역동적 도시는 끊임없이 창출되는 일자리로 인해 이주에 의존할 수밖에 없다. 이 과정은 19세기 공중보건 개혁으로 사망률이 낮아진 이후에도 지속되고 있다. 도시 경제가 전체적으로 점점 더 빠른 속도로 성장함에 따라 노동 수요 또한 증가했다. 오늘날 도시로 이주하는 인구는 역사상 어느 시대보다 많다.

이주는 단지 도시 노동력을 유지하거나 증가시키는 데 그치지 않는다.

그것은 불평등을 촉진한다. 도시 이주의 주요 원천은 노동 공급지이다. 전통적으로 이주자는 농업 기술을 보유한 농촌의 농민들이었다. 도시로의 이주는 이들의 기존 숙련 기술을 무력화시킨다. 따라서 이들은 사전 훈련이 거의 또는 전혀 필요하지 않은, 그러므로 임금이 낮고 고용이 불안정한 일자리를 찾아 나선다. 이에 따라 이주는 끊임없이 고용 구조의 하층부에 필요한 노동력을 공급하게 된다. 예컨대 값싼 상품을 파는 비공식 부문의 행상 노동이나 공식 구조 내에 있더라도 규제가 미치지 않는 공장 노동 등이 이에 해당한다. 도시의 경제 발전을 이룩하는 동시에 경제적 불평등을 심화시키는 원인은 바로 이러한 메커니즘이다.

이 과정에서는 하나의 스케일적 역설이 존재한다. 즉 이주는 도시 내부에서 불평등을 심화시키지만 세계적으로는 불평등을 감소시킨다. 어떻게 이런 일이 가능할까? 여기서 이주민에게 도시는 경제적 기회를 의미한다는 점을 상기할 필요가 있다. 이들이 도시에서 수행하는 일은 자신들이 떠나온 지역에서 했던 일보다 통상적으로 더 많은 보수와 더 나은 미래 전망을 제공한다. 이 과정에서 도시 또한 이득을 본다. 물론 많은 이주민들은 자신이 떠나온 노동 공급 지역의 가족에게 송금을 한다. 그리고 이는 도시 경제에 있어 손실로 작용하는 것처럼 보인다. 하지만 이들이 처음 노동시장에 진입하기까지 소요된 비용을 부담하지 않았다는 점에서 도시는 그보다 더 큰 이득을 보게된다. 즉 생계, 건강, 교육 등 노동력을 생산하기 위한 모든 비용은 도시 바깥, 멀리 떨어진 공급 지역에서 감당된다. 도시는 그저 새로운 노동력을 무상으로 공급받는 셈이다. 이 같은 점에서 핵심은 도시 거주자의 비율이 증가함에 따라 전체적인 불평등은 감소한다는 사실이다. 즉 도시 내부에서는 불평등이 유지되거나 심화되더라도 지구적 차원에서는 그것이 완화된다. 이 스케일적 역설은 현재 세계의 경제적 불평등이 감소하고 있다는 현상으로 드러나며 이는 지난 40년 간 중국에서 발생한 대규모 농촌-도시의 이주에 크게 기이한다. 그럼에도 동시에 세계 곳곳의 도시들에서는 여전히 심각한 빈곤이 지속되고 있다.

도시의 공간적 구조

경제적 불평등은 도시의 공간 구조 속에서 명백히 드러난다. 전통적으로 대도시에서 가장 선호되는 주거지는 중심부에 위치하였고 비선호되는 토지 이용과 그에 종사하는 노동자들은 도시 외곽으로 내몰렸다. 예컨대 가죽 산업에서 무두질 작업은 유해한 환경을 조성하였기에 도시 외곽, 종종 성곽 바깥에 위치하곤 했다. 이러한 공간적 패턴은 19세기 산업 도시의 등장과 함께 전복되었다. 산업화에 따른 거대한 경제 성장과 그에 수반되는 공장 및 작업장의 밀집은 도시의 새로운 중심을 형성하였다. 이른바 매연으로 가득 찬 산업 세계와 고밀도의 주거 공간은 보다 부유한 계층이 오염과 불결함을 피해 도시 밖으로 이동하게 하였고 이는 대중교통 기반의 초기 교외화 현상으로 이어졌다. 그 결과 대부분의 도시 거주민은 극심하게 과밀한 환경에 남겨졌고 이는 새로운 수준의 열악함을 동반했으며 이를 지칭하기 위해 새로운 단어, 즉 슬럼이라는 개념도 등장했다.

따라서 19세기는 예외적인 경제 발전과 더불어 20세기 도시에 새로운 사회 문제들을 유산으로 남겼다. 슬럼을 제거해야 할 필요성은 수많은 정치사회적 개혁을 이끌었다. 이에 수반하여 여러 연구와 새로운 실천이 나타났는데 그 대표적 사례가 도시계획이다. 도시에 대한 새로운 이해가 요구되었고 이는 1920-30년대 시카고대학의 사회학 연구를 통해 제공되었다. 이들의 가장 유명한 작업은 어니스트 버제스(Ernest Burgess, 1925)가 제안한 동심원 모형의 도시구조인데 이 모형은 시카고를 토대로 구축되었다. 그것은 중심에 위치한 중심업무지구를 기준으로 네 개의 주변 구역, 즉 (1) 공장과 빈곤한 주거가 혼재된 황폐한 이행 구역, (2) 보다 안정된 직업을 가진 노동자를 위한 개선된 주거 지역, (3) 중산층 주택 지대, (4) 통근자를 위한 교외 거주 구역으로 구성되었다. 이 모형은 도시가 매우 역동적인 과정을 거친다는 점을 보여주며 이주민은 황폐한 지역에 처음 발을 디디고 그 다음 세대는 더 안정적인 지역으로 이주하며 이후에는 바깥쪽의 두 구역까지 도달하게 되는 구조다.

이러한 도시 모형은 중심부에서 멀어질수록 경제적 지위가 상승한다는 식으로 구성되어 도시 이론을 지배하였다. 형식적으로는 단순하고 실제로는 역동적인 이 모형의 유의미함은 이론과 실천 양측 모두에서 강조되었다. 이론적으로는 주거 편의성과 사업 접근성 간의 경쟁을 통해 토지 이용이 결정된다는 경제 이론이 전개되었다. 그 결과 도심으로부터 멀어질수록 중간 가구 소득이 증가한다는 해석이 제시되었다. 그러나 보다 인상적인 것은 제2차 세계대전 이후 교외 주택 개발의 급속한 확산이다. 이는 도심과 외곽 도시 간의 경제적 불평등을 바탕으로 한 이분법을 형성하였으나 동시에 소득과 소비의 전반적인 상승이라는 새로운 조건 속에서 전개되었다. 이 시기 교외화는 초창기 모형보다 훨씬 광범위한 기반을 지니게 되었는데 이는 시카고보다 로스앤젤레스에 더 가까운 공간 구조로 나아갔다.

이 같이 새로운 그리고 보다 확장된 공간 구조는 자동차와 고속도로의 등장에 의해 가능했다. 그것은 더 이상 대중교통 정류장을 중심으로 한 교외의 섬이 아니라 자동차를 기반으로 한 교외화였다. 이는 기존의 간극을 메우며 노동자를 위한 저렴한 주거지를 제공했고 그럼으로써 새로운 도시 경관이 형성되었다. 그러나 그것은 단순히 물리적 경관의 변화에만 그치지 않았다. 이 공간 구조는 소비를 중심으로 한 삶의 방식을 요구했다. 이는 자동차만이 아니라 냉장고, 세탁기, 진공청소기, 잔디 깎는 기계, 텔레비전 등 가정생활을 가능하게 하는 다양한 소비재를 포함하였다. 이러한 소비재의 생산, 즉 새로운 일자리는 전후 미국 도시의 경제 호황을 뒷받침하는 기반이 되었다. 나아가 미국의 경제적 성공은 해외의 모방을 유도하였고 이는 다른 국가들의 생활양식에서 미국화를 초래하였다. 20세기 후반 도시 성장의 일반적 패턴은 교외화와 그에 따른 소비로 구성되었다.

이러한 도시의 확산은 기존 도심의 노후 주택 및 중심업무지구를 중심으로 전개되었는데 그 세부 형태는 나라별로 다양했다. 미국에서는 다수의 교외 지역이 시당국으로부터 정치적으로 분리되어 세금 부담 없이 대도시의 문화 인프라, 예컨대 극장, 오페라 하우스, 콘서트 홀, 박물관 등을 향유할 수 있었다. 반면 유럽의 많은 국가에서는 공공임대주택이 교외에 위치해 있었고 이는 도심과 외곽 간 경제적 불평등을 부분적으로 완화하였다. 그러나 이러한 공간적 분화는 결코 단순하지 않았다. 도시의 확산이 지속되면서 이웃 도시들이 결합되어 다핵적 구조를 지닌 대도시권이 형성되었는데 이는 8장에서 논의된다.

교외화는 부분적으로 도시의 인구 감소를 초래했다. 이에 따라 재정, 즉 조세 기반이 약화되어 1970년대에 널리 확산된 도시 위기의 한 원인이 되었다. 도시의 부활은 경제적 세계화의 부상과 함께 도래했다. 이 과정에서 도시는 기업조직의 핵심 중심지로 부상했다. 이는 세계 각지의 도심에서 목격되는 고층 사무 빌딩, 즉 마천루의 현저한 증가를 통해 확인할 수 있다. 이들 빌딩은 중심업무지구의 기존 구조를 문자 그대로 압도하고 있다. 이러한 변화는 새로운 패턴의 불평등을 낳았다. 기업 경제는 높은 보수를 받는 전문 인력을 창출했고 이들의 막대한 소비 수요는 그에 부응하는 저임금 노동(가사노동, 접객업 등)을 유발하였다. 동시에 이들 도시의 거대한 집적은 중간 수준의 임금을 제공하는 새로운 일자리도 대거 창출했다. 이런 변화는 경제적 지위에 따른 도시의 확산 방향을 역전시켜 부유층의 도심 회귀라는 현상을 낳았다.

이 새로운 과정, 즉 교외화의 역전은 젠트리피케이션(gentrification)이라 불린다. 대도시는 고소득층의 거주지를 일정 부분 유지해왔는데 예컨대 런던의 벨그라비아(Belgravia)나 뉴욕 맨해튼의 어퍼 이스트 사이드(Upper East Side) 등이 이에 해당한다. 그러나 젠트리피케이션은 이보다 훨씬 광범위한 새로운 공간적 양상도 만들어냈다. 우리는 다시 도심, 즉 동심원 모형의 첫 번째 고리로 돌아왔다. 그러나 이번에는 그곳이 매력적인 공간으로 간주된다. 1960년대까지 슬럼 철거 대상이었던 주거지는 철거를 피한 경우에 한해 고소득 가구를 유인하고 있다. 이러한 변화에 대한 설명은 두 가지로 나뉜다. 하나는 경제적 기회를 강조하는 설명으로 이 지역이 새로운 투자 기회로 인식되었다는 것이다. 이는 저렴하게 매입한 부동산이 고가에 매도되거나 임대되며 수익을 창출한다는 논리다. 다른 하나는 소비 중심적 설명으로 도시의 부활 속에서 새로운 일자리를 얻은 젊은 세대가 교외 생활에서 벗어나 도심 거주를 하나의 문화적 소비 양식으로 선호하게 되었다는 것이다. 이 두 설명은 상호 배타적이지 않으며 실제로 두 가지 모두 작동하고 있음이 입증되었다. 그 결과 새로운 도시 공간이 형성되었고, 이는 주택의 다층적 고급화만이 아니라 동네의 가게, 예컨대 식료품점, 제과점, 정육점 등이 레스토랑, 바, 커피숍으로 전환하는 현상을 포함한다. 핵심적인 변화는 원래 거주하던 저소득 가구가 더 부유한 신규 가구에 의해 대체된다는 점이다. 즉 젠트리피케이션은 경제적 불평등에 의해 형성된 권력의 격차가 도시의 공간 구조를 변화시키는 과정이다. 이러한 권력의 작동 과정은 세계화에 의해 더욱 심화되었으며 일부 주요 도시에서는 슈퍼 젠트리파이어(super-gentrifiers)라 불리는 초고소득층이 글세계의 선도 도시를 관통하는 글로벌 부동산 시장의 일부 고급 주택을 사들인다. 이에 대해서는 8장에서 더 자세히 논의한다.

문화적 만화경

경제적 불평등은 분할된 도시에 관한 얘기 중 오직 절반에만 해당한다. 도시민 간의 물질적 격차는 도시의 코스모폴리탄적 성격과 함께 형성된다. 따라서 소득과 부의 격차가 드러나는 공간에서 사람들은 문화적으로도 분리된다. 이는 이 장의 서론에서 논의한 이주 과정이 낳는 필수불가결한 요소다. 이민자들은 갑자기 불쑥 등장해 거대 도시 속에서 길을 잃고 헤매는 이들이 아니다. 그들은 도시를 선택하고 그 도시 안에서도 자신이 아는 이들이 먼저 정착한 주거지를 고른다. 이들은 가족일 수도 있고 출신 마을이나 고향의 동료일 수도 있으며 더 넓게는 동일한 민족 공동체에 속하는 사람들일 수도 있다. 따라서 다양한 노동공급지에 기반하여 급격하게 성장한 도시에서는 종족적 엔클레이브가 형성되는 경향이 있다. 예컨대 1920년대 시카고에서는 도심부를 동심원을 이루는 첫 번째의 경계지역(the first inner ring of transition)에 리틀 이탈리아라는 지구가 있었다. 그곳에서는 이탈리아 전통과 언어가 유지되었기에 신규 이민자는 이곳에서 고향의 느낌을 체감할 수 있었다.

시카고 성장모델은 이러한 종족 공동체가 세대를 거치며 이민국의 규범에 점차 동화되고 이에 도심으로부터 점차 멀리 떨어진 동심원 지역(outer rings)으로 갈수록 분리 수준도 낮아질 것이라 가정했다. 예컨대 1950년대 시카고 교외에 거주하던 3세대 이탈리아계 미국인들은 이탈리아어를 실질적으로 구사하지 못할 가능성이 더 컸다. 이는 미국 도시가 '정상적인' 미국 시민을 창출하는 방식이었고 실제로도 어느 정도는 성공했다. 그러나 예외도 있었다. 바로 미국 남부 출신의 아프리카계 미국인 노동력이 북부 도시로 이주하면서 보인 현상이 바로 그 사례이다. 이때 형성된 엔클레이브는 교외로의 관문이 되기보다는 게토로 인식되었고 이는 이른바 화이트 플라이트(white flight), 즉 백인이 도심을 이탈함에 따라 경계지어진 분리 공간을 의미했다. 미국의 주거 통합은 여기서 가로막혔고 그 결과 1960년대 들어서는 교외로의 이주가 아니라 폭동이 발생하는 장소가 되었다.

문화적 동화를 통한 통합의 한계는 미국만의 특징이 아니었다. 문화적이고 물리적인 차이의 정도가 지배적인 도시민의 본성과 결합하여 다양한 수준의 분리가 발생했다. 극단적 사례는 남아프리카 공화국으로 이 나라는 아파르트헤이트 정책에 따라 흑인 노동력을 위한 게토를 의도적으로 조성했다. 요하네스버그 인근의 사우에토(Soweto) ― 사우스 웨스트 타운십(South West Township)의 약칭 ― 는 그런 유형의 정착지 중 최대 규모였다. 그러나 이렇게 박탈되고 억압받은 집단도 여전히 도시적 집적을 이루었으며 그 결과 새로운 삶과 노동의 방식이 창출되었다. 미국에서는 뉴올리언스, 시카고, 디트로이트, 뉴욕 할렘 등에서 대중음악 장르가 발흥한 것이 대표적이다. 이처럼 도시 내 문화적 차이가 고유한 정체성을 만들어내면서 동화의 개념이 재고되었다. 차이를 억누르는 대신 다양성, 곧 도시를 코스모폴리탄적 만남의 장으로 승화시킬 수 있다는 시각이 부상했다.

다양한 인구 구성 속에서 삶을 영위한다는 것은 이웃을 낯선 존재로 인식할 수 있음을 의미한다. 낯선 이는 사고와 행동 양식이 달라 친구보다 예측 불가능하다. 이에 대한 반응은 두 가지로 나뉜다. 하나는 그들을 멀리하며 그 위험으로부터 거리를 두려는 것이고 다른 하나는 새로운 경험을 통해 삶을 풍요롭게 할 기회를 포용하는 것이다. 전자는 엄격한 분리로 이어져 거리, 공원, 상점 등 모든 것이 구획된 영역으로 식별된다. 반면 후자는 분리와 반대되는 것이지만 동화의 실패나 전통의 상실로 귀결되는 게 아니라 일상적 만남과 공동체 신규 사업을 통해 서로 다른 전통의 상호존중으로 이어질 수도 있다. 따라서 분열된 도시가 코스모폴리탄적 활력으로 특징지어질 수도 있다.

이러한 긍정적 결과에 도달하려면 사람들 스스로 자기 전통에 대한 지속적 신뢰를 유지해야 한다. 이는 현대 통신 기술 덕분에 가능해졌다. 시카고의 리틀 이탈리아 이민자들은 편지로만 고국과의 관계를 유지했지만 오늘날의 미디어는 즉각적이고 끊임없는 소통을 가능하게 한다. 이에 종족 엔클레이브 대신 문화적 디아스포라, 즉 공통의 민족, 종교, 국적을 기반으로 한 초국가적 공동체가 형성되기도 한다. 이러한 문화적 대도시 네트워크는 오늘날 새로운 이민자들이 선택한 도시에서 다양한 배경을 가진 사람들과 관계를 맺는 맥락이 된다. 다만 이런 문화와 민족의 세계화가 도시에 긍정적인 코스모폴리탄 효과를 가져올지 아니면 한때는 국지적이었던 갈등이 국제적인 갈등의 부속물이 될지는 아직 두고봐야할 문제이다.

결론적 보충: 도시와 혁명

도시는 다스리기 어려운 공간이다. 다양한 공급 지역으로부터 유입된 대규모 인구의 급속한 증가는 사회적 불안의 조건을 조성한다. 이러한 불안은 여러 형태를 띨 수 있으나 가장 극단적인 경우에는 도시 혁명이나 공급 지역에서의 봉기나 반란으로 나타난다.

파리는 근대의 혁명 도시로서, 1789년, 1830년, 1848년, 1871년, 1968년에 걸쳐 주요한 정치적 격변의 중심지였다. 수도로서 파리는 정치적 응집의 공간이며 이는 국내 정치를 대표하는 국가 제도와 보다 넓은 정치적 연계를 대표하는 외교 지대들이 함께 자리하는 구조를 의미한다. 이러한 정치적 실천과 사유, 그리고 기획이 집중된 도시는 본질적으로 급진적 혁신의 잠재력을 내포하고 있으며 이는 그것의 성공 여부와 정도에는 차이가 있지만 각각의 혁명이 공통적으로 보여준 특징이었다. 근대 민주주의 정치의 여러 '~주의(-ism)'들 — 민족주의, 자유주의, 사회주의, 아나키즘 — 은 이러한 혁명으로부터 결정적인 초기 자극을 받았고 이후 혁명들을 통해 지속적으로 전개되었다. 물론 오직 파리만이 이러한 움직임을 보인 공간은 아니었으며 프랑스 내 다른 도시들뿐 아니라 국경 너머의 다른 도시들 역시 중요한 역할을 수행했다. 특히 1848년의 경우 유럽 전역의 수도들에서 동시다발적으로 혁명이 발생했으며 이는 때때로 유럽 민족의 봄(Spring of Nations)으로 불린다. 이러한 혁명의 파급력은 150여 년 후인 2010년에 북아프리카 및 중동의 여러 수도 도시들에서 발생한 아랍의 봄으로 되풀이되었다. 요컨대 수도는 단지 정치 혁명의 간헐적 무대일 뿐만 아니라 근본적으로는 정치적 원재료 그 자체도 제공하는 공간이다.

대다수 도시는 수도가 아니지만 그렇다고 해서 근본적 변화를 이끌 수 있는 사회적 불안의 내재적 잠재력이 약화되는 것은 아니다. 도시 공간에서는 공식적인 정치 영역을 벗어난 경제적 갈등 역시 풍부하게 표출되며 이는 자본과 노동 간의 갈등은 물론 자본 내부의 갈등까지 포함한다. 예컨대 1819년 맨체스터에서 벌어진 대규모 노동자 시위는 피터루(Peterloo) 학살로 귀결되었고, 1886년 시카고의 헤이마켓 폭동은 훗날 세계 노동절로 기념되었다. 이 두 사건은 모두 노동이 정치세력으로 부상하는 데 있어 역사적 이정표로 기억된다. 하지만 산업 도시들은 노동의 이해관계뿐만 아니라 자본의 이해관계 또한 정치적 방식으로 진전시켰다. 빅토리아 시대 영국에서는 맨체스터 자유주의자가 자유무역 경제를 선도적으로 주장했지만 버밍엄에서는 그에 맞서는 관세 개혁 운동이 전개되었다. 이들은 특정 도시의 맥락 속에서 형성된 새로운 정치 형태들이며 이후 영국의 다른 도시들, 더 나아가 국외로까지 확산되었다.

이렇듯 정치적 지배의 근본적 전환을 추구하든 도시 집적과의 연계를 통해 경제 관계를 변화시키려 하든 이러한 전개는 명백히 국가의 문제이며 오직 도시와 국가의 관계라는 프리즘을 통해서만 이해될 수 있다.

샤오훙 파이의 중국 농촌 이주노동자 이야기

지난 40년 간의 중국 경제 전환이 역사상 최대 규모의 농촌-도시 이주에 의해 가능했었다는 사실은 이제 상식처럼 받아들여진다. 그러나 이 수천만 명의 노동자 개개인이 품고 있는 희망과 기대가 그들의 실제 경험과 일치하지 않는다는 점은 별로 주목받지 못한다. 대만 출신으로 영국에서 활동하는 언론인 샤오훙 파이(Hsiao-Hung Pai)는 『흩날리는 모래(Scattered Sand)』(2012)라는 저작에서 이주노동자들의 삶을 기록하였다. 흩날리는 모래라는 표현은 익명의 노동이 도시로 무질서하게 이동하는 거대한 흐름을 지칭할 때 흔히 사용되는 말이다. 파이는 이 모래알갱이 하나하나가 실은 인간이라는 사실을 그들의 목소리를 통해 전달되는 이야기로 생생히 드러낸다.

여기서는 그녀가 그러한 알갱이들 중 특별히 생생하게 묘사한 두 명의 인물, 즉 비범한 상황에 휘말린 평범한 사람들의 이야기를 다룬다. 특히 이들이 경험한 부정적인 노동 현실, 공공기관으로부터의 구제 가능성이 거의 전무한 상황, 그리고 그로 인한 신체 및 정신적 삶의 상태에 주목한다.

펑(Peng)은 랴오닝성의 한 마을에서 온 젊은 농부로, 홀아버지와 함께 살던 외동아들이다. 그는 가족이 소유한 작은 토지로는 두 식구의 생계조차 유지할 수 없어 17세에 도시로 떠난다. 그가 향한 곳은 가장 가까운 도시인 선양(Shenyang)이다. 샤오훙 파이는 그가 매일 수천 명의 이주노동자들이 일자리를 찾아 모여드는 루가든(Lu Garden) 노동시장에서 구직 중인 모습을 목격한다. 펑의 불안정한 일자리 이력은 다음과 같다. 한 소형 호텔에서 경비원으로 근무하며 수입의 3분의 2

를 고향으로 송금하나 2주 만에 아무런 통보 없이 해고된다. 건설현장에서 이틀간 일용직 노동을 했고 저임금의 양조장 경비원직에도 취업하였으나 임금에 대해 문제를 제기하자 해고된다. 그는 다음과 같이 말한다. "사장님은 자기 마음대로 할 수 있어요"(20쪽). 한 달간 실직 상태로 고향으로 돌아갔다가 2주 만에 다시 선양으로 돌려보내지기도 했다. 다시 루가든 시장으로 향했으나 성과는 없었고 친구는 자살을 했다(29쪽). 고향으로 돌아갔으나 아버지가 2주 만에 다시 도시로 내보냈다. "나는 그냥 아버지의 일하는 물소 같았어요"(30쪽). 베이징의 경비로 채용되자 매우 기뻐하였으나 그가 일하게 된 톈허안타이(天河安泰)는 범죄조직이었다. 베이징에 도착하자 신분증을 압수당하고 한 보험회사 건물을 경비하는 임무를 맡았으나 건물을 떠날 수조차 없었다. 3주 후 탈출하여 임금은 받지 못했으나 신분증은 회수했다. "톈허안타이에서 일은 구할 수 있어도 돈은 못 받아"라는 말이 있다(34쪽). 그는 이제 "완전히 낙담"하여 "현실에서 법은 펑 같은 노동자에게 아무런 차이도 만들어내지 못했다"(35쪽)고 말한다. 다시 고향으로 돌아갔다가 또 다시 도시로 향한다. 루가든 시장에서는 여전히 성과가 없어 다시 베이징으로 간다. "이번엔 무슨 일이든 꼭 찾고 말겠어요"(35쪽). 호텔 경비로 취업했지만 임금이 너무 낮다. "할 거면 하고 말려면 말고 … 노예처럼 남든 시골로 돌아가든 누가 우리에게 신경이나 쓰겠어요?"(37쪽). 생계가 유지되지 않아 다시 이동하여 노동시장으로 복귀한다. 마침내 골든 세일 홀리데이호텔 경비직을 얻었다. 축하할 만한 성과이며 드디어 아버지에게 돈을 송금할 수 있게 되었다. 펑이 샤오훙파이에게 남긴 마지막 말은 다음과 같다. "언젠가 선생님이 다시 베이징에 오시면 제가 더 높은 직급에 올라서 제 삶을 좀 더 나아지게 만들었다는 걸 보시게 될 거예요"(40쪽).

쓰촨 출신 농민 이주자 부부의 아들인 류민(Liu Min)은 17세부터 줄곧 이주 노동을 해왔다. 그는 자신을 "촌놈"이라 부른다(197쪽). 그의 노동 이력은 다음과 같다. 산시(山西)에서 1년간 벽돌 굽는 일을 했다. 임금은 고향에 송금했으나 "자립

했다는 사실에 매우 들뜨게 된다"(198쪽). 간쑤(甘肅) 산악지대에서 금 채굴 일에 종
사했는데 열악한 환경이지만 수익은 괜찮았다. 하지만 40일 후 그만둔 후 광저
우로 향했으나 취업에 실패한다. 귀향을 위해 돈을 빌려야 했으며 "완전히 무너
진 느낌"(201쪽)을 받았다. 지역 도시 청두로 가서 오토바이를 빌려 택시 업무에
두 달 간 종사했다. 다시 광저우로 이주했고 이번엔 "진지하게 일자리를 찾을 준
비가 되어 있었다"(202쪽). 도시도 모르고 현지어도 못하는 상태에서 오토바이 택
시를 시작한다. 여자친구의 소개로 의류 공장에 취업한 후에는 "진짝 직업"이라
며 기뻐했다(203쪽). 그러나 두 달 만에 해고된다. 창고에서 선반 쌓기 작업을 시작
했는데 이곳은 성과급제로 '모든 노동자가 두 달 치 임금을 체불한 후 3개월째에
지급'이라는 정책를 취했다(204쪽). 생계를 위해 택시 일을 병행한다. 공장에서 평
생을 보내기 싫어 귀향 후 잡화점 운영을 시도했으나 '가업'에 실패한다. 다시 광
저우로 가 또 다른 의류공장에 취업한다. 이번엔 택시 없이도 생활이 가능했지만
"삶이 무의미해졌다는 느낌"에 사로잡혔다. 경기 침체로 해고되며 두 달 치 임금
을 받지 못했다. 그의 꿈은 "인생의 무자비함에 의해 산산조각 났으며" 이는 도시
에서 "피와 땀을 바친" 한 세대 전체가 공유하는 감정이었다(206쪽).

  펑과 류민은 결코 예외적인 인물이 아니다. 그들은 샤오홍 파이가 제공하는 수
많은 노동 서사의 전형을 이룬다. 그러나 이들은 또 다른 의미에서 고립된 존재가
아니다. 중국에서는 대규모 이동이 관광객들 사이에서도 일상적이다. 발길 닿는
대로 떠도는 글로벌 유랑자는 오늘날 중국 사회의 점점 더 심화되는 불평등의 또
다른 얼굴이다(xi쪽). 이보다 더 큰 대비는 존재하기 어렵다. 농촌 이주노동자들에
게 이 격차는 제도화되어 있다. 그들은 공식적으로 농민(농촌 호적자)으로 분류되어
다수의 국가 서비스(예: 연금)를 받을 자격이 없는 2등 시민으로 존재하며(3쪽), 도
시민들로부터는 망류(盲流)라 불리며 멸시를 받는다. 망류는 목적 없는 흐름을 뜻
하며 방향성과 의도가 결여된 존재로 간주된다(5쪽). 이러한 현실 속에서 류민은
자신의 출신을 원망한다. "농민 가정에서 태어난다는 건 … 몸에 낙인이 찍히는

것과 같아요"(201쪽). 그러나 펑은 자신이 수행하는 역할에 대해 보다 단호하게 말한다. "이주노동자가 없으면 베이징 사람들은 굶어 죽어요"(40쪽). 런던에 대해 묻는 펑에게 샤오홍 파이는 카나리 워프(Canary Wharf)의 사례를 말한다. "수상한 용역업체에 고용된 수백 명의 비영국인 경비원들이 지키는 곳"이라고 설명하자 류민은 그것을 즉시 이해한다. "우리 같은 노동자들, 땅콩값 받고 일하는 사람들이네요!"

7장
—

국가 속의 도시

서론: 도시의 근대적 모순

　도시와 그것 위에 군림하는 외부의 정치 권력체 사이의 관계에는 기묘한 역사적 불일치가 존재한다. 도시화의 수준이라는 측면에서 보면 19세기 이래 형성된 수많은 대도시들의 세계는 과거 어느 사회와도 비교할 수 없는 독특한 현상이다. 그런데 그 이전 시대 도시의 경우 사회 내에서 경제적 역할을 인정받으면서도 고유한 정치 권력도 보유한 사례가 많았다. 예컨대 중세 유럽에서 통용된 말인 "도시의 공기는 사람을 자유롭게 한다"는 단순한 관용구가 아니라 실제로 법적 의미를 지닌 문구였다. 농촌에서 도시로 이주한 농노는 자기 영주에게 법적으로 속박되어 있던 토지를 떠나는 순간 노동 의무를 위반하는 행위를 저지른 게 된다. 그러나 도시로 도망쳐 1년 1일 동안 발각되지 않고 살아남는다면 그에게 부과된 농촌 공동체에 대한 의무는 소멸되었다. 이제 그는 도시민으로서 도시 경제에 참여할 수 있는 존재가 된 것이다. 이처럼 도시는 단순히 정착 유형 중 하나가 아니라 기존의 정치적 위계질서를 우회할 수 있게 해주는 특별한 공간이었다. 그러나 이러한 법적 예외성은 근대 세계의 발전 과정에서 기존의 위계질서와 함께 소멸되었다. 그 결과 오늘날의 도시는 산업화 이전 도시가 지녔던 사회적 역할에 대한 공적 인정을 상실하여 공식적으로 아무런 특수 지위를 갖지 못하는 존재로 전락하였다. 이것이 바로 현대 도시의 역설이다. 현대의 도시는 인구와 경제의 측면에서 유례없는 중요성을 갖고 있음에도 불구하고 주권국가의 영토 내에 위치한 비예외적인 장소로 간주되고 있다. 최근 한 도시와 그것이 속한 국가 간 분쟁은 이러한 현대적 상황을 명확하게 보여주는 사례다.

예술작품 하나가 도시의 정체성을 이처럼 강하게 상징하는 경우는 드물다. 미켈란젤로의 대리석 조각상 다비드상과 이탈리아 피렌체의 관계가 바로 그 예외적 사례에 해당한다. 1501년 피렌체 정부에 의해 의뢰되어 제작된 이 조각상은 이탈리아 르네상스의 대표작일 뿐 아니라 강대한 외부 세력에 맞선 소도시 피렌체의 저항을 상징하는 지역적 표상이기도 하다. 이 맥락에서 골리앗은 대개 로마를 가리킨다. 오늘날 이 조각상은 피렌체 관광산업의 핵심이며 도시 경제의 중심 자산이다. 하지만 이 걸작의 소유권은 과연 누구에게 있는가?

겉보기에 답은 명확하다. 피렌체다. 도시의 위임에 따라 제작되었고 500년 이상 도시 내에 위치해 있었기 때문이다. 그러나 이 당연한 인식이 최근 들어 쟁점화되었다. 2010년 로마에 위치한 이탈리아 중앙정부는 다비드 상의 소유권이 자신들에게 있다고 주장했다. 그 해석 또한 명확했다. 1871년 이탈리아 통일이 이루어졌을 때 새로 수립된 통일국가가 피렌체 공화국이 가진 법적 주권의 계승자가 되었기에 피렌체가 소유하던 자산은 국가의 것이 되었다는 논리였다. 이 논쟁의 핵심은 주권이라는 법적 개념, 즉 특정 영토와 그 안의 모든 것을 포괄하는 최종 정치 권력에 있다. 다비드상이 줄곧 피렌체에 위치해 있었다는 사실은 분명하지만 핵심은 피렌체라는 도시 자체가 변했다는 점이다. 예전에는 독립적인 정치체였으나 지금은 특정 국가에 속한 한낱 지방자치단체일 뿐이다. 단도직입적으로 말해 현대 세계에서 피렌체는 정치적으로 격하된 것이다. 물론 대부분의 사람들에게 이러한 정치적 논쟁은 무의미하며 다비드상은 감상의 대상이지 분쟁의 대상이 아니다. 하지만 이 사례는 도시와 그것을 포함하는 국가 사이의 관계에 대한 근본적인 질문을 제기한다. 피렌체처럼 독립적 지위를 가졌던 도시는 드물지만 오늘날 모든 도시들은 결국 자신을 포괄하는 국가에 의해 물리적 정체성이 규정되는 상황에 놓여 있다. 이것은 문제적이다. 왜냐하면 도시와 국가는 서로 상이한 공간 논리를 구현하기 때문이다. 앞서 살펴보았듯 국가는 경계와 분할을 통해 세계를 구성하는 영토적 존재지만 도시는 네트워크와 연결을 통해 기능하는 공간이다. 도시를 국가의 관점에서 바라보는 것은 도시의 존재 방식을 지나치게 단순화하는 것이다. 국가 행정의 논리에서 보면 도시는 단지 관리 가능한 영토 단위에 불과하기 때문이다. 이런 방식 속에서 도시는 국가에 의해 상시적으로 오해받는 존재가 된다. 도시의 본질인 집적과 연결성은 지방정부를 위한 명확한 경계 설정이라는 행정 논리 안에서 대부분 무시되기 때문이다.

그러나 역설적으로 이런 무관심은 전쟁 시기에 전면적으로 반전된다. 국가가 존재론적 위협에 직면할 때 도시는 국가 내부에서 핵심 자산으로 그리고 적국의 주요 타격 대상으로 부상한다. 바로 이때야말로 도시의 집적성과 연결성이 국가의 전시 정책, 내정과 외교 양면 모두에서 핵심 요소로 간주된다. 본 장에서는 국가가 도시를 일상적으로 오해하는 방식과 위기

상황에서 도시를 급격히 재인식하는 방식이라는 두 국면 모두를 분석하고
자 한다.

도시의 격하

국가가 도시에 대해 수행하는 첫 번째 작업은 그것을 국가의 행정지도
위에 위치시키는 것이다. 이는 도시를 경계 짓는 작업으로 '도시 경계'의
설정은 도시 안에 포함되는 사람과 사물의 범위를 결정한다. 그 결과 많
은 도시들이 일반적으로 과소경계설정(under-bounded)의 상태에 있는 것으
로 나타난다. 즉 도시 경제의 일부가 도시에 포함되지 않는 것으로 간주되
는 것이다. 예컨대 앞서 언급된 플로렌스 사례에서 플로렌스라는 도시는
이탈리아 토스카나 주에 속한 하나의 기초 지방 자치체(commune)에 불과한
데 이는 오늘날 실제로 플로렌스의 도시 경제를 구성하는 인구의 약 4분의
1만을 포함한다. 다시 말해 플로렌스라는 실질적인 도시 과정(city process)의
일부만을 포함할 뿐이다.

국가의 관점에서 도시가 가지는 문제는 그것들이 성장한다는 데 있다.
그것도 종종 너무 빠르게 성장한다는 점이 문제다. 이는 도시가 본질적으
로 발전하는, 아울러 그에 따라 스스로를 확장하는 존재라는 이전의 논의
에서 알 수 있듯이 속별적인 문제이다. 따라서 도시를 행정적으로 구획하
려는 초기의 경계 설정 ― 통상적으로 시가지 지역을 중심으로 하는 설정
― 은 도시 인구가 인접 지역으로 확산됨에 따라 금세 시대에 뒤처진 것이
된다. 시간이 흐름에 따라 국가가 행정지도에 명기한 도시라는 명칭은 다

른 시대의 유물로 전락할 수 있다. 이러한 문제에 대처하기 위한 방식은 다양하지만 장기적인 해결책을 제공하지는 못한다. 실제로 그것들은 대체로 상황을 더 악화시켜 도시의 핵심적인 경제 과정이 국가의 영토 조직 방식과는 무관하게 작동하는 결과를 낳는다. 최악의 경우 국가 정책은 노골적으로 반(反)도시적인 것이 되기도 한다.

1789년 프랑스 혁명 이후 이루어진 프랑스의 행정 구조 재편은 도시와 국가 간의 영토적 관계에 있어 극단적인 제한 사례를 보여준다. 이 과정에서 도시는 그냥 무시되었다. 새로운 합리적 행정지도를 작성하는 이들에게 도시는 공간적 일탈(spatial aberrations)로 간주되었다. '하나의 정책이 모두에 적용된다'는 접근 하에서 각자의 성장 경험이 매우 다른 다양한 도시의 특성은 프랑스의 영토를 정치적으로 통제하는 데 아무런 관련이 없는 것으로 간주되었다. 프랑스는 83개의 주(department)로 나뉘었는데 이는 인구 분포나 삶의 방식이 전혀 고려되지 않은, 나아가 서로 비슷한 크기의 촘촘한 조각의 영토들로 구성된 패치워크였다. 공간의 비인간화는 주의 명칭을 강이나 산 등의 물리적 지형 지물에서 따오는 방식에서 명백히 드러났다. 이에 따라 파리는 센(Seine) 주에 포함되었다. 각 주는 주의 중심부에 가장 가까운 도시에 의해 행정적으로 통치되었는데 이는 안보상의 이유에서였다. 주의 경계로부터 하루 안에 말을 타고 도달할 수 있는 정치적 중심이 필요했다. 이에 따라 지방정부는 가장 큰 도시에 위치하지 않았고 이는 중심성이 결여된 배치를 의미했다. 이후 약간의 개혁과 추가가 있었지만 이러한 체계는 오늘날까지도 프랑스의 기하학적인 지방 행정지도를 유지하는 기반으로 작용하고 있다.

앞선 장에서 서술한 바와 같이 도시가 정치혁명의 핵심 공간이었다는 점을 감안할 때 1789년 이후 혁명적 방식으로 성립된 여타 국가들이 유사한 방식으로 도시의 위상을 격하시켰다는 사실은 매우 아이러니하다. 20세기 후반의 공산주의 국가들에서는 국가 경제 계획에서 천편일률적인(one-size-fits-all) 방식이 뚜렷하게 나타난다. 도시가 어떻게 작동하는지를 이해하지 못한 이 방식은 소비에트연방과 중화인민공화국에서 극명하게 드러났다. 두 국가는 명시적으로 반도시적인 정책을 추진하였으며 도시 성장을 억제함으로써 결과적으로 경제 발전을 저해하게 되었다. 예컨대 1960년대 중국의 문화대혁명은 많은 시민들을 농업 노동에 강제로 동원하였고 그 결과로 국가는 사실상 탈도시화(de-urbanization)의 과정을 겪었다. 가장 극단적인 사례는 1975년 캄보디아 혁명에서 발생했다. 이 경우 새로 성립된 국가 정책에 가장 큰 도시의 공동화가 포함되었다. 그것은 시민들을 프놈펜에서 행군시켜 농민으로 강제 전환했다. 그 결과 1979년 이 정권이 전복되기 전까지 킬링필드에서는 100만 명 이상이 사망하였다.

위 사례들은 안보의 관점에서 기능적 도구주의의 작동을 보여준다. 비극적 결과를 수반하지는 않았지만 단순한 행정 기준에 기초한 또 다른 형태의 기능주의는 국가가 도시를 단지 정책 실행의 수단으로만 여긴다는 점을 보여준다. 이는 1973년 시행되어 오늘날까지도 대부분 유지되고 있는 영국의 지방정부 개혁 사례에서 분명히 드러난다. 이 개혁은 지방정부 단위의 '크기' 문제로 인식되었는데 이는 민주주의가 요구하는 소규모 단위와 효율성을 이유로 제시된 대규모 단위 간의 경쟁이라는 틀로 구성되었다(Dearlove 1979). 결국 후자가 우위를 점하면서 경영학 및 조직이론에 근거해 영국의 행정지도가 재편되었고 그 과정에서 수많은 소도시들이 규모가 작다는 이유로 지도에서 사라졌다. 동시에 일부 주요 도시는 너무 크다는 이유로 경계가 축소되었는데 리버풀과 맨체스터가 대표적인 사례이다. 어떤 경우에는 중간 규모의 도시들이 적정 규모를 충족시키기 위해 병합되어 새로운 행정 단위가 만들어졌는데 이들에겐 새롭게 고안된 명칭이 부여되었다. 예컨대 역사적으로 산업 도시였던 핼리팩스와 허더즈필드가 커클리스(Kirklees)라는 이름으로 통합되었는데 이 명칭은 현재 존재하지 않는 한 마을의 이름에서 따온 것이다. 핼리팩스와 허더즈필드는 리버풀이나 맨체스터보다 훨씬 작지만 병합된 형태로는 축소된 두 대도시와 대체로 같은 규모이다. 그리하여 리버풀, 맨체스터, 커클리스는 행정지도상 동일하게 대도시 자치구(metropolitan borough)로 지정되었다. 이는 실재하는 도시들 사이에 필연적으로 발생하는 차이를 제거하려는 국가의 단순하고 기계적인 해결 방식이다. 이러한 도구주의적 기능주의는 구체적인 장소 그 자체를 완전히 무시하며 대도시든 소도시든 국가가 도시들을 단지 중앙정부의 명령을 수행하는 행정적 부속물로 간주함을 보여준다.

그러나 도시의 행정적 구성이 어떠하든 도시는 대체로 계속 성장한다. 도시의 성장을 수용하는 가장 단순하고 명백한 방식은 인접 지역을 점진적으로 병합하는 것이다. 예컨대 기존의 마을이 새로운 도시 인근 지역으로 편입되는 것이다. 이는 19세기 북아메리카와 서유럽에서의 산업화 과정과 관련하여 매우 일반적이었으며 많은 도시들이 유례없는 인구 증가 속도를 보이며 성장하였다. 그러나 이 과정은 20세기 들어 새로운 형태의 교외화(suburbanization)가 나타나면서 중단되었다. 앞 장에서 지적했듯이 상대적으로 부유한 주민들이 거주하는 신교외 지역들은 자신들의 지방세 수입에 대한 통제권을 유지하기 위해 도시로의 편입에 저항하였다. 그것의 결과는 미국에서 가장 극단적으로 나타나 도넛형 행정지도(doughnut administration maps)가 등장하게 되었다. 이는 대체로 백인 중심의 다수 교외 자치단위들이 빈곤하고 비백인이 다수인 도심을 둘러싸는 형태를 보인다. 그것은 경제적 과정으로서의 도시가 극단적 형태의 정치적 분절 상태에 놓였음을 의미한다.

이러한 정치적 도시 분절에 대한 반작용으로 등장한 것이 도시의 지역적 지정에 대한 요구이다. 이는 20세기 전반기 들어 도시 중심의 지역계획을 촉진하는 계기가 되었다. 패트릭 게디스(Patrick Geddes)라는 선구적 사상가는 이를 광역도시권(conurbations)이라 명명하면서 다수의 정치 단위를 경제적으로 응집된 지역으로 통합하고자 하였다. 그는 시카고, 파리, 베를린 등의 주요 도시를 도시권으로 규정했을 뿐 아니라 스코틀랜드의 클라이드-포스(Clyde-Forth, 글래스고/에든버러), 독일의 루르 지역(뒤셀도르프/도르트문트/에센/쾰른)처럼 여러 도시가 함께 형성한 도시 지역 또한 인정했다. 이러한 사고는 특히 뉴욕과 런던에서 영향력을 발휘했다. 뉴욕에서는 1922년 설립된 뉴욕지역계획협회(Regional Plan Association of New York)가 뉴저지, 코네티컷, 허드슨강 상류 지역까지 포함하는 광역지역을 위한 정책들을 제안하였다. 그러나 이러한 전략적 사고는 미국 전역에서 보편화된 도넛형 도시 구조를 고수하는 강력한 정치 메커니즘을 넘어서지 못하였다. 반면 런던에서는 그 과정이 달랐다. 1944년의 유명한 그레이터 런던 계획은 전원도시(garden cities)와 그린벨트(green belt) 개념을 수용하였으며 이는 런던 주변을 원형으로 둘러싼 개발 제한 구역의 지정으로 이어졌다. 이것은 도시 성장을 통제한다는 명분 아래 추진되었으나 실상은 도시의 본질적 확장 과정을 표적으로 삼은 반도시적 조치였다.

전원도시는 표면적으로는 매우 매력적인 개념이다. 이것은 원래 1899년

에벤저 하워드(Ebenezer Howard)가 빅토리아 시대 도시 빈민가의 대안으로 고안한 것으로 주거와 일터가 모두 포함된 소규모 도시 공동체를 지향했다. 경제적으로는 응집되어 있으면서도 농촌과 같은 환경을 유지할 수 있는 소도시의 분산화는 20세기 여러 국가의 도시계획에서 핵심 요소로 자리 잡았다. 특히 영국에서 가장 발전하였는데 이 경우에는 그린벨트 ─ 도시 경계에 위치한 개발 제한 지역 ─ 가 도시의 성장을 제한으로 수단이자 물리적으로 도시 간 경계를 짓는 데 핵심적인 역할을 하였다. 전원도시는 런던의 그린벨트를 넘어선 계획의 일환이었으며 처음에는 도시의 허파, 즉 빈민층이 일시적으로 방문하고 다시 집으로 돌아가는 열린 공간으로 기획되었으나 결국에는 미국의 도넛형 도시처럼 보다 부유한 계층이 그린벨트를 방어하여 가난한 시민들과의 분리를 유지하는 또 다른 형태의 분열된 도시를 초래하였다.

도시에 대한 오해의 마지막 사례는 도시의 최적 규모이다. 이 개념은 신도시 계획과 경제이론을 결합한 것이다. 경제이론에 따르면 도시 성장의 초기에는 집적 외부성이 긍정적으로 작용하지만 점차 교통 혼잡이나 오염과 같은 문제들이 누적되면서 그러한 외부성이 부정적으로 전환된다. 이 전환점이 도시의 최적 규모를 정의한다. 하지만 이런 사고는 두 가지의 명백한 문제를 제기한다. 첫째, 그것의 정책적 함의는 국가가 아무런 대체 개발 없이 도시 성장을 적극적으로 억제해야 한다는 것이다. 이는 20세기 공산주의 국가들이 추진했던 반도시적 정책과 매우 유사하다.

둘째, 이런 사고는 국가가 도시의 자율성을 훼손하는 또 다른 사례일 뿐만 아니라 역동적 생태계로서의 도시를 위협한다. 그런 사고에는 도시의 복잡성과 본질에 대한 인식이 결여되어 있기 때문이다. 생태계 일반은 지속적으로 발전의 문제를 해결함으로써 역동성을 유지한다. 따라서 도시의 경우에도 실현 불가능성과 문제는 오히려 발전의 핵심이다. 이를 해결하는 과정이 도시 혁신의 본질이기 때문이다. 만약 문제가 전혀 없는, 즉 완벽한 도시 기계가 존재한다면 그것은 도시가 아니라 단지 그릇된 이론의 퇴색된 잔재에 불과할 것이다.

도시의 파괴

도시는 부의 창출이 이루어지는 장소인 만큼 외부 세력의 군사적 공격 목표가 되어 왔다. 도시는 전쟁의 전리품이며 정복의 대상이었다. 도시를 함락시키기 위해서는 그 연결망을 차단해야 했으며 이는 곧 포위전을 의미한다. 역사적으로 도시를 둘러싼 공격과 방어의 경쟁은 새로운 성곽 설계 기술과 신형 포위 병기의 개발 간의 맞대결을 중심으로 전개되었다. 또한 일정한 전쟁 관행도 존재했는데 조기 항복과 일정 금액의 납부를 통해 도시가 약탈당하는 사태를 방지할 수 있었다. 물론 일부 도시는 영원히 사라졌고 그 대표적 사례가 로마에 패배한 후 완전히 소멸한 카르타고다. 그러나 대부분의 도시는 파괴 이후 회복되었다. 건축물은 무너지고 동산은 약탈되었으나 인구 다수가 생존했을 경우 도시민들은 상업적 기지를 바탕으로 집적 효과와 연결 효과를 다시 창출할 수 있었으며 도시 과정은 재가동될 수 있었다. 그러나 이러한 도시의 회복 메커니즘은 근대 들어 급변했다. 화약과 대포의 발명이 공격과 방어의 구도를 공격 측에 상당히 유리하게 만들었기 때문이다.

전쟁의 산업화 이후 도시는 두 가지 기본적 역할을 맡게 되었다. 첫째는 무기 생산의 거점으로서 전쟁 수행을 위한 엔진 역할이며 둘째는 이들 생산 거점을 파괴하기 위한 목표물로서의 도시 특히 폭격의 대상이라는 역할이다. 항공전을 통해 새롭게 열린 이 국면은 전략적 사고의 방향을 변화시켰다. 전쟁의 전선, 즉 특정한 충돌이 발생하는 지점에 더해 적국 영토 내부의 도시에 대한 직접적 폭격이 병행되었고 이는 민간인의 생명을 전면적으로 위협하는 방식이었다. 이런 점에서 두 차례의 세계대전은 대조적이다. 제1차 세계대전이 참호전 중심이었다면 제2차 세계대전은 도시에 대한 대규모 폭격이 핵심이었다

항공전의 도래는 전쟁이 일반 시민을 공포에 빠뜨릴 수 있는 새로운 영역을 열 것이라는 점에서 이미 불길하게 예견된 바 있었다. 당시에는 국내의 사기가 무너지고 대중이 전쟁 지속 의지를 상실할 것으로 예상되었다. 그러나 이는 실현되지 않았다. 영국과 독일 양국 모두에서 폭격은 오히려 전쟁을 끝까지 견디게 하는 새로운 전시 정신(war spirit)을 낳았다. 결국 전쟁은 히로시마와 나가사키에 원자폭탄이 투하된 이후 종결되었지만 이는 단 두 발의 폭탄으로 발생한 파괴력의 질적 비약이 작용한 결과였다. 따라서 일반적으로 항공전은 도시를 공격하여 그 생산력(집적)과 사회기반시설(연결성)을 파괴하려는 전통적 전략 목표를 충실히 따른 셈이다. 물론 이는 양측 시민들이 겪은 극도의 공포를 과소평가하려는 것이 아니다. 당시의 전략적 전쟁 정책의 근본은 명백하게 도시중심적이었기 때문이다.

제2차 세계대전은 모든 전선에서 주요 피해자가 도시였던 전쟁이었다. 도시가 잿더미로 변하는 일이 일상화되었다. 서유럽에서는 로테르담, 런던, 코번트리가 초기의 대표적 피해 도시였다. 이 중 코번트리는 비교적 소

규모 도시였음에도 완전한 소멸의 위기에 처한 사례로 기억된다. 그에 대한 보복은 가혹했다. 독일 내 인구 10만 이상의 모든 도시들이 체계적으로 파괴되었다. 이러한 도시 집적체의 파괴는 도시 간 연결을 담당하던 기반시설의 체계적 파괴를 수반했다. 특히 루르(Ruhr) 중공업 지대를 독일 내 다른 지역과 연결하던 교통망 차단이 그 핵심이었다.

독일에 대한 공중 타격은 1943년 함부르크에 대한 연속 야간 폭격으로 본격화되었다. 이른바 지역폭격(area bombing)이라는 체계적 파괴 방식이 시작된 것이다. 이는 카펫 폭격(carpet bombing)이나 포화 폭격(saturation bombing)이라는 끔찍한 이름으로도 불렸다. 함부르크에서는 집중 소이탄 투하로 인해 도시 내에서 자가발전적 강풍이 발생하며 대화재(firestorm)가 일어나는 초유의 현상이 나타났다. 이후 전쟁 말기까지 도시별 폭격 리스트가 존재할 정도의 도시 폭격 프로그램이 가동되었으며 최종적으로는 파괴 대상 도시가 15개만 남게 되었다. 그 중 하나가 드레스덴이었다. 비교적 후반기에 공격받은 이 도시는 참혹한 화염폭풍 속에 전면적으로 파괴되었다. 결과적으로 독일 전역에는 활력 넘치던 도시 시스템 대신 무수히 쌓인 잔해만이 남게 되었다. 이들 도시는 한때 세계에서 가장 생산성이 높았던 도시들이었다.

독일 전쟁 생산체계를 무력화하려는 전략적 목적 외에도 이러한 지역폭격은 근본적 전환을 위한 정치적 기획의 일환이기도 했다. 이는 도시를 문명의 도가니로 보는 오랜 관점과 맞닿아 있다. 독일의 주요 도시 전역에 걸친 체계적 파괴는 건물의 단순 손실을 넘어 도시의 문화적 구조 자체를 해체하려는 시도였다. 이는 독일 문화를 구현하고 전달하며 재생산하고 발전시키는 매개, 예컨대 콘서트홀, 박물관, 대학, 학교, 기록관, 도서관, 미술관, 예술 작업장, 그리고 무엇보다 건축유산의 전면적 소멸을 의미했다. 이러한 기관들은 사회를 구성하는 핵심으로서 제인 제이콥스가 "도시를 온전하게 만드는" 요소이자 경제적 성과를 넘어 도시의 인간적 발전으로 간주한 것이었다. 아름다운 도시 드레스덴의 파괴는 이러한 문명 파괴의 상징적 사건이었다. 독일 도시들을 유럽의 지도에서 지워버리는 폭격 정책은 종전 무렵 논의되던 악명 높은 모겐타우 계획(Morgenthau Plan)의 방향성과 부합하였다. 이는 일종의 현대판 카르타고 해법으로 독일의 영토를 축소함과 동시에 그것을 도시 없는 순수 농업 지역으로 전환시키려는 목표를 가진 계획이었다. 도시는 미래의 제3차 세계대전을 준비할 수 있는 물질적 기반이므로 이를 제거하려는 의도였다.

이 계획은 당시 미국 정부 고위 인사 헨리 모겐타우의 이름을 딴 것으로 한때 상당한 지지를 받았다. 그러나 패전국 점령 및 재건이라는 현실적 과제가 부상하자 계획은 폐기되었다. 그럼에도 불구하고 이 계획은 지역폭격 전략이 보다 넓은 정치적 맥락 속에서 실행되었음을 보여준다. 아울러 이는 다음과 같은 사실을 명확히 드러낸다. 즉 국토 전체에서 차지하는 비중은 상대적으로 작을지라도 도시는 국가의 문화적 구조를 구성하는 핵심적 결절이라는 점이다. 실제로 서유럽은 곧 보복의 국면을 넘어섰다. 1945년 파탄난 독일 도시들 속에는 생존한 도시 인구가 여전히 존재했고 이들은 집적성과 연결성의 외부효과를 재구성하여 수많은 잔해를 역동적 도시로 전환할 수 있는 지식과 연결망을 갖추고 있었다. 이들이 전후 유럽의 경제 기적의 핵심이었다. 그리고 1960년경 독일 도시는 새로운 유럽 공동시장, 나중에는 유럽 공동체의 경제적 토대가 되었다.

본 장은 평시와 전시에 국가가 도시를 다루는 방식의 기묘한 역설, 즉 평시에는 도시를 주변화하면서도 전시에는 필수불가결한 존재로 간주하는 방식에서 출발했다. 그러나 실상은 그렇게 단순하지 않다. 국가의 안보 정책은 평시에도 지속적으로 작동하기에 도시의 중요성에 대한 명확한 인식은 국가 정책의 특정 영역에서는 일관되게 유지되어 왔다. 예컨대 냉전기 소련과 미국은 각자의 대도시에 대륙간 탄도미사일을 겨냥하는 정책을 채택했다. 이는 상호확증파괴 전략으로 도시를 제거함으로써 상대 국가의 사회 전체를 참수하려는 시도였다. 오늘날 보다 유연한 국제정치 속에서도 테러와 대테러의 전략이라는 맥락에서 도시는 여전히 항공 및 지상 폭격의 위험에 노출된 공간이다.

결론적 보완: 도시에 대한 권리

이 장에서 도시는 주로 피해자로 묘사되었다. 현대 정치의 영역으로 들어오면 도시는 스스로의 운명을 직접 결정할 권한이 거의 없다. 이에 대해 흔히 제안되는 해결책 중 하나는 강력한 시장을 선출하여 도시에 강한 리더십을 부여하는 것이다. 이는 도시를 경쟁적인 정치 주체로서 도시국가로 전환시키려는 함의를 담고 있다. 그러나 도시는 네트워크 속 상호성을 통해 번영하는데 이것은 강한 리더십보다는 잘 작동하는 도시 생태계를 필요로 한다. 이 논의에서 시장은 그러한 생태계의 형성에 있어 대통령이나 총리만큼 불필요한 존재일 수 있다. 위계적 정치만이 정치가 수행되는 유일한 방식은 아니기 때문이다. 지금 필요한 것은 매우 다른 형태의 정치이며 이것이 바로 도시권이라 불리는 정치이다.

도시권은 도시를 중심에 둔 새로운 정치적 실천에 대한 개념이다. 이는 도시가 안고 있는 병폐에 주목하지만 국가에 해법을 요청하는 방식을 지양한다. 이 개념은 도시의 잠재력을 인식함으로써 보수적이든 개혁적이든 혁명적이든 국가의 다양한 형태를 우회할 수 있게 한다. 도시권의 핵심 정서는 "이 도시는 우리의 것이다. 우리는 이 도시를 되찾고자 한다"는 것이다. 따라서 이 개념은 지역적이고 종종 구체적인 뿌리를 갖지만 동시에 도시를 그 복잡성 속에서 이해하는 전체론적 성격을 띤다. 간단히 말해 점점 더 도시화되는 세계에서 우리는 우리 자신, 가족과 친구, 타인, 그리고 자연과 더불어 살아가는 더 나은 방식을 찾아야 한다는 것이다.

　이처럼 도시를 주체로 삼는 이 단순한 주장은 세계를 바꾸는 새로운 정치로 전화된다. 이는 다섯 단계로 요약할 수 있다. (1) 일반적으로 권리라는 언어는 개인이나 특정 개인들의 집단을 중심으로 사고되지만 도시권에서 주장되는 인권은 장소, 즉 도시에 함께 거주하는 사람들에 의해 공동으로 소유된다. (2) 따라서 그것은 도시 내에서 이들이 공유해야 할 — 하지만 현재는 타인에 의해 수탈되고 있는 — 자원에 대한 권리를 주장하는 것이다. (3) 그러나 여기서 그치지 않고 그것은 도시를 새롭게 만들고자 하는 주장, 즉 도시라는 과정을 새로운 목적에 따라 새로운 이미지로 수행하려는 요구이다. (4) 하지만 그 어떤 도시도 고립되어 존재하지 않기에 이는 다른 도시 및 지역과의 상보적 연결을 만들어가는 과제를 수반한다. (5) 궁극적으로 변화의 실현은 우리 자신을 포함해야 한다. 현재 우리는 소비를 통해 환경적 파국을 향해 가고 있으며 도시적 삶의 방식은 삶의 질에 대한 새로운 틀 짓기를 필요로 한다.

　도시권은 21세기 전 세계 도시들에서 벌어진 시위와 실천을 통해 작동해 왔다. 그러한 시위와 실천은 전술한 목록 중 주로 초기 단계에 초점을 두었다. 후반부 단계는 점점 더 긴급해지고 있지만 실천하는 것이 매우 어렵다. 우리는 마지막 장에서 도시를 새롭게 다룰 필요성이라는 문제로 돌아갈 것이다.

익명 저자의 『베를린의 한 여성』 (1945)

"이토록 공포에 질린 세계가 바로 대도시 한복판에 숨어 있을 수 있다는 것을 누가 상상이나 할 수 있었을까?" 이는 1945년 러시아군의 베를린 점령 시기에 작성된 일기 『베를린의 한 여성(A Woman in Berlin)』의 익명 저자(2011)가 남긴 질문이다. 그녀는 4월 27일 러시아 병력이 자신이 거주하는 구역으로 진입하던 순간에 그러한 절망적 생각을 표현한다(66쪽). 이 두려운 신세계란 과거 세계의 규범과 질서가 철저히 배제된 상태, 즉 외국 군대의 대도시 점령 상태를 의미한다. 시간, 공간, 정보, 생존 등 삶의 모든 것이 즉각적이며 현재화된다. 시간은 "남루한 군복 차림의 외국 병사들이 드나드는 것으로만 계측되는, 시간 없는 시간"(164쪽)으로 변모하고 "지평선은 몇백 걸음 거리로 축소"(40쪽)되며 모든 소식은 "전해 들은 이야기와 소문으로만 접하며 … 불분명하고 불확실"(135쪽)하다. 사회적으로는 "뒤섞이고 흩어진 사람들 … 조각난 가구들"(115쪽), "걷잡을 수 없는 재편성, 공포와 필요에 의해 형성된 무작위적 동맹들"(120쪽)이 나타난다. 그녀는 마지막에 자신의 존재를 이렇게 확언한다. "나는 단지 살아남고 싶다는 것만을 알고 있을 뿐이다"(308쪽).

이 일기는 세 단계의 참혹한 경험으로 구분될 수 있다. 4월 20일부터 26일까지는 러시아군이 접근함에 따라 상황이 급속히 악화된다. 일기 작성자는 4월 21일 일을 그만두게 되며 독일 행정체계가 붕괴하여 수도, 전기, 대중교통, 식량 배급도 중단된다. 시민들은 건물 안에 바리케이드를 설치하고 적군이 나타날 순간을 두려움 속에 기다린다. 4월 27일 병사들과의 첫 접촉이 이뤄지고 곧바로 질서의 완전한 붕괴가 뒤따른다. 이른바 약탈의 시기 — 인간과 물자가 모두 약탈의 대상이 되는 시기 — 는 5월 8일까지 계속된다. 11일 간의 공포 이후 군사 질서가 수립되고 강제노동이 도입되면서 도시의 생명 활동이 서서히 재개되어 6월 22일 일기가 마무리된다. 아이러니하게도 독일 시민들은 이 약탈의 시기 동안 러시아군이 술과 성을 대가로 약탈품과 식량을 교환함으로써 물질적으로 더 나은 처지, 예컨대 더 나은 식사를 경험한다. 물론 이 거래는 극단적으로 불평등하다. 구체적으로 어떻게 작동했는지 살펴보자.

일기 작성자가 두 명의 노인 — 과부와 장애인 남성 — 과 함께 살고 있는 거리에 러시아 병력이 숙영하게 된다. 초반 며칠 간의 약탈은 완전한 무정부 상태에서 이루어지며 취한 병사들이 가가호호 침입해 숨지 못한 여성들을 집단 강간한다. 여기에는 일기 작성자와 과부도 포함된다. 일기 작성자는 신속히 전략을 마련한다. 5월 1일의 기록에서 그녀는 "나는 전리품이나 전쟁의 전유물이 되지 않기로 결심했다"(85쪽)고 선언한다. 그녀는 전쟁 전 모스크바를 방문하며 익힌 러시아어를 약간 구사할 수 있었고 이 중요한 언어 능력을 활용하여 "무리를 떼어낼 단 하나의 늑대를 찾는다"(85쪽). 처음에는 한 장교, 이어서 한 소령 — 이 세계에선 모든 것이 빠르게 전개된다 — 이 그녀의 보호자이자 연인이 된다. 이로써 병사들이 끊임없이 드나드는 집에서 그녀는 "나는 정말로 금기된 존재"(103쪽)가 되었다고 말할 수 있게 된다. 많은 전리품이 집 안으로 유입되고 두 남성과의 관계는 모두에게 이익이 되며 약탈한 시가를 즐기는 장애인 남성 역시 이를 적극 지지한다. 일기 작성자는 묘하게 철학적인 자세를 보인다. "이제 나를 창녀라 불러야 할까, 내가 본질적으로 내 몸을 먹을 것과 바꾸며 살아가고 있으니"라고 말하며 단지 "하루빨리 이 '일'에서 벗어나고 싶을 뿐"(141쪽)이라고 덧붙인다. 이 잔혹한 며칠이 지나자 그녀의 인내조차 진부하게 보인다.

"… 우리는 집단적 경험을 하고 있다 … 이 일은 여성들에게 좌우 구분 없이 일어나 그 모두가 어딘가에서 거래의 일부가 되어버렸다. 이 집단 강간은 우리가 집단적으로 극복하고 있는 중이다 ⋯ 모든 여성들이 서로를 돕고 서로 이야기하고 고통을 말하고 그 고통을 서로 나누도록 허용하고 있다."(174쪽)

이는 5월 8일에 기록된 것이다. 다음 날 그녀는 이렇게 적는다. "지난 밤에 대해서는 정말로 아무 말도 할 수 없다"(182쪽). 그녀는 혼자 잤던 것이다.

5월 10일부터는 여성들에게 또 다른 유형의 노동이 요구된다. 연합국의 승전 퍼레이드를 위한 국기 제작이다. 프랑스 국기가 가장 만들기 쉽고 미국 국기가 가장 복잡하다고 한다. 처음으로 그녀는 도시 반대편을 방문할 수 있었고 그곳에서 "주변은 모두 황폐, 폐허, 생명의 숨결 하나 없다. 이것은 베를린의 시체다"(191쪽)라고 말한다. 그러나 동시에 그녀는 "한 이발소가 다시 문을 열었다 ⋯ 도시의 시체에서 나타난 첫 생명 징후"(193쪽)라고 기록한다. 그러나 주요 경제 활동은 탈산업화 프로그램이다. 일기 작성자와 다수의 여성들은 공장 기계를 분해하여 소련행 열차에 싣는 작업에 동원된다. 식량 배급이 재개되지만 더 이상 장애인 남성에서 쓸모가 없어졌다는 이유로 집에서 내쫓기면서 그녀의 불확실성은 지속된다. 그녀는 탄식한다. "나는 도시 유목민, 집 없는 자다"(206쪽).

그러나 상황은 점차 호전된다. 그녀는 다음과 같이 보고한다. 5월 14일에는 세 개의 철도 노선이 개통되고(208쪽), 6월 5일 첫 버스가 나타났으며(284쪽), 6월 8일에는 S-반이라는 광역철도가 운행을 재개했다(291쪽). 그리고 6월 13일에는 첫 트램이 다시 달린다(299쪽). 무엇보다도 수도와 전기가 복구된다. 개인적으로도 그녀는 언어 능력 덕분에 지역은행(드레스너, 코메르츠방크, 도이체방크)의 현황을 조사하는 업무 보조로 채용된다. 도이체방크도 영업을 재개하였다(217쪽). 6월 3일 그녀는 출판사를 설립하려는 한 기업가와 연결되어 그에 대해 서술한다. "우리가 잔해를 보는 곳에서 그는 마천루를 본다"(280쪽). 6월 9일에는 미용실을 찾는다. "머리에서 1파운드쯤의 먼지를 씻겨냈다"(292쪽). 그리고 6월 13일에는 영화관에서 영화를 본다(300쪽). 출판사는 새로운 관료제를 헤치며 협상을 지속하고 있고 그 밖에도 "이 도시의 섬들 사이에서 우리는 서로 아무 것도 알지 못하지만 다른 사람들도 조금씩 움직이기 시작하고 있다"(307쪽). 결코 정상으로 돌아간 것은 아니지만 도시는 다시 도시가 되어가고 있다.

이 사례는 결코 예외적인 사건이 아니다. 독일군은 앞서 점령한 러시아 도시들에서 유사한 방식으로 행동했고 이 이야기의 모든 등장인물들은 이를 잘 알고 있었다. 이는 역사 속에서 많은 도시들이 겪어 온 운명이기도 하다.

8장
—

세계화된 도시

서론: 세 개의 세계화들

앞 장에서 보았듯 도시는 그것이 속한 국가의 정치적 지배를 받는다. 그러나 이미 언급했듯이 도시는 상품, 정보, 인구의 복잡한 흐름이 국경을 넘는 또 다른 사회적 논리 속에서 작동하기도 한다. 지난 100여 년 동안 그 수많은 흐름은 엄청나게 팽창했으며 이로 인해 오늘날의 상황은 마누엘 카스텔이 명명한 바 있는 네트워크 사회로 지칭된다. 더욱이 흐름의 규모도 확대되어 이제는 지구적 범위 ─ 즉 전 세계를 포괄하고 통합하는 수준 ─ 에 이르렀다. 이 글로벌 네트워크 사회는 도시를 통해 조정되며 이는 각 도시가 자국 국경을 넘는 기능을 수행함을 의미한다. 예컨대 오늘날 런던에서 이루어지는 다수의 금융 활동은 영국 경제와 거의 혹은 전혀 무관하다.

여기서 우리가 다루는 것은 상이한 기능과 대비되는 공간을 생성하는 두 가지 사회적 논리를 포괄하는 글로벌 정치경제이다. 그 결과는 이중의 공간 구조로 귀결된다. 곧 국가는 정치적 조정의 수준 ─ 장소의 공간 ─ 을 이루고 도시는 경제적 운영의 수준 ─ 흐름의 공간 ─ 을 형성한다. 인간 활동의 이러한 세계화는 약 500년 전 유럽의 정치와 경제 활동이 팽창하면서 시작되었고 20세기 초에는 전 세계의 거주지들이 정치경제적으로 연결된 상태인 세계적 폐쇄(global closure)에 도달하였다. 5장에서 보았듯이 시기는 도시들이 세계 각지의 공급 지역으로부터 식량을 요구하는 국면으로 나타난다. 이것이 바로 첫 번째 세계화로서 경제적 연결의 형성과정에 따라 구분되는 세 가지 특수한 세계화 유형 중 하나인 제국적 세계화(imperial globalization)이다.

이 첫 번째 세계화는 제국의 정치가와 상인들(예: 영국, 프랑스)이 세계경제로의 참여 조건을 설정한 데에서 비롯되었다. 여기에는 식민지(예: 인도), 과거 식민지(예: 라틴아메리카), 불평등 조약 체결국(예: 중국)이 포함된다. 이 과정은 빠르게 성장하는 세 유형의 도시를 통해 조정되고 요구되었다. (a) 런던과 파리를 대표로 하는 유럽의 제국 수도들, (b) 맨체스터와 같은 유럽의 산업 도시들, 그리고 (c) 부에노스아이레스, 상하이, 캘커타처럼 물류를 담당한 비유럽 지역의 종속 도시들이 그 사례이다. 한편으로 북아메리카에서는 이와 유사한 지역적 구조가 부분적이지만 별개로 발전하였다. 뉴욕은 비즈니스 및 상업 수도로 기능했고 시카고와 같은 중서부 산업도시들과 샌프란시스코(서부), 애틀랜타(남부) 같은 지역 공급 도시들이 이를 보완했다. 바로 이 북미 중심의 세계화 구조가 20세기 전반기 동안 성장하여 미국적 세계화(American globalization)로 전환되었다. 이는 20세기 중엽 이후 나타난 두 번째 세계화로 대량소비가 대량생산을 보완하며 등장하였다. 교외는 새로운 도시세계의 주된 풍경으로 부상했고, 이는 로스앤젤레스에서 전형적으로 구현되었다. 6장에서 서술했듯 이 새로운 삶의 방식은 1950년 이후 전 세계에 확산되었고 쇼핑몰은 전 지구의 현대 도시들을 대표하는 상징이 되었다.

미국식 세계화는 20세기 후반부, 특히 마지막 25년 동안 현재의 기업적 세계화(corporate globalization)로 발전하였다. 이 세 번째 유형의 세계화가 본 장에서 다루는 주제다. 그것은 미국화의 연속이자 그 진전으로 이해할 수 있으나 아시아 등의 여타 경제중심지들이 점점 더 많은 영향을 미치고 있다는 점에서 과거와 구별되기도 한다. 이전의 세계화가 고도로 발달된 수출 역량을 갖춘 미국 제조업 기업에 의해 주도되었다면 1970년대 이후부터는 컴퓨터 및 통신 산업을 결합한 새로운 기업이 그 과정을 주도하게 되었다. 전 세계에 걸쳐 정보의 거의 즉각적인 흐름을 가능케 한 이 기술은 모든 기업이 새로운 글로벌 전략 행위자로 활동할 수 있는 기반을 마련했다. 초기 사례로는 저렴한 노동력을 활용하기 위해 산업 생산 시설을 개발도상국의 도시로 이전하는 것을 들 수 있다. 이는 새로운 국제적 노동 분업이라 불린다. 그러한 이전은 신자유주의적 국가 경제 정책의 전환과 맞물려 국가 경제를 세계경제에서의 경쟁에 개방하고 이를 통해 기업들이 다양한 국가에 광범위하게 투자할 수 있도록 만들었다. 미국 기업은 여전히 매우 중요하지만 이제는 중국을 포함한 여러 나라의 기업이 그 중심에 동참하고 있다. 이러한 기업 세계화는 카스텔이 말한 글로벌 네트워크 사회를 지탱하는 고도로 통합된 정치경제이며 이 안에서 도시는 핵심 역할을 수행한다.

그렇다면 기업 세계화의 맥락에서 국가와 도시는 어떻게 상호작용하는가? 이중 공간 구조에서 익숙한 국제정치 지도는 세계 도시 네트워크 지도와 맞물려 작동한다. 정치적 수준에서 정부는 경제적 요소들 — 노동과 상품 — 의 이동을 국경 안팎으로 통제한다. 그러나 이러한 경계로 구획된 공간은 통합된 기능 경제가 아니라 국가 주권으로부터 파생된 경제적 관할권일 뿐이다. 오히려 경제 요소들의 통합적 기능 경제는 도시를 통해 구성된 흐름의 수준에서 나타난다. 그렇다고 해도 국가의 경제 관할권은 실재하며 경제적 효과를 낳는다. 이를테면 도시의 변호사들은 초국가적 계약을 작성하고 자산관리자들은 세금 부담을 줄이기 위한 방법을 제시한다. 이 모든 기업이 특정 국가에 등록되어 있으며 그 국가의 보호를 기대한다. 이는 특히 2007~08년 금융위기 당시 은행 구제 과정에서 뚜렷하게 드러났다. 이 모든 사례들이 기업적 세계화라는 글로벌 정치경제에서 도시와 국가가 교차하는 이중적 공간성을 보여주는 실례들이다.

마지막으로 덧붙일 점이 있다. 여기서 언급한 세 가지 세계화는 단순히 경제 발전의 단계를 의미하는 것이 아니다. 오히려 이들은 서로 중첩되는 일련의 과정이다. 따라서 초기 단계는 시간의 흐름에 따라 사라지는 것이 아니라 후속 세계화로 점차적으로 이행하면서 여전히 현재의 기업적 세계화 속에서 공존하고 있다. 이 점은 본 장의 두 주요 절에서 보다 분명하게 드러날 것이다. 첫 번째 절에서는 도시들이 핵심적 결절로 기능하는 현대의 세계도시 네트워크를 다루고 두 번째 절에서는 이러한 결절이 다중결절적 도시지역(multi-nodal city-regions)으로서 현지에서 어떤 형태를 취하는지 살펴볼 것이다.

세계도시 네트워크

기업 세계화는 앞선 두 차례의 세계화보다 훨씬 더 통합된 형태를 띠고 있다. 통신 기술의 발전은 과거에는 불가능했던 새로운 수준과 범위의 통제 및 조직화 관행을 가능케 하였다. 예를 들어 20세기 중반 미국 기업들이 생산 거점을 해외로 확장했을 때 각국별로 분산된 방식으로 운영할 수밖에 없었다. 디트로이트에 있는 포드의 경영진은 유럽 각국의 자동차 생산을 직접 관리할 수 없었다. 그러나 네트워크 사회에서는 상황이 달라졌으며 포드와 같은 기업들은 전 세계 제조 공장을 하나의 일관된 조직으로 통합하여 진정한 글로벌 전략을 수행할 수 있게 되었다.

이러한 운영 규모의 세계적 전환은 새로운 문제들을 필연적으로 동반하며 그에 따른 새로운 해결책의 필요성을 낳는다. 대표적인 문제는 국가마다 법률 체계가 다르다는 점이며 여러 국가에서 사업을 전개하는 기업들은 다중 관할권에서의 사업 수행을 조율할 수 있는 전문성이 필요하다. 이에 글로벌 법률회사가 등장하여 이러한 수요를 충족시키고 있다. 예를 들어 시드니의 물류 회사가 로테르담의 운송 회사와 협력하여 케이프타운에서 새로운 항만 시설을 개발하고 그 자금이 프랑크푸르트의 은행을 통해 조달된다고 할 때 이 계약은 호주, 네덜란드, 남아프리카, 독일 법률 체계에 모두 유효해야 한다. 이러한 작업을 수행할 수 있는 법률 회사는 종종 런던이나 뉴욕에 본사를 두고 있으며 각각의 도시에 사무소(따라서 '현지' 전문성)를 보유함으로써 이러한 계약의 모든 요소를 하나의 법률 체계, 즉 영국 보통법이나 뉴욕주 법에 따라 통합적으로 구성할 수 있다. 이러한 기업 서비스는 전 세계의 재무, 전문, 창의적 요구를 충족시키는 고급 생산자 서비스(advanced producer services)로 불리며 법률 회사 외에도 광고 대행사, 회계법인, 경영 컨설팅 회사, 그리고 다양한 은행 및 보험 서비스가 이에 포함된다.

이러한 중요 서비스들은 기업 세계화 이전에도 존재했는데 본래는 개별 도시 내에서 활동하며 정체성이 분명했다. 예컨대 뉴욕의 광고회사나 암스테르담의 은행이 그러했다. 그러나 4장에서 언급했듯이 이들의 기업 고객이 전 세계적으로 활동을 확장함에 따라 서비스 회사들도 그를 따라가지 않으면 고객을 잃게 되는 상황이 발생하였다. 이는 본사가 위치한 도시를 넘어 새로운 도시에 사무소를 개설하는 결과로 이어졌다. 새로운 도시에 진출하면 단순히 기존 고객만이 아니라 현지 시장 전체를 대상으로 사업을 확대하려는 유인이 생긴다. 이 과정을 통해 기업 세계화는 다수의 고급 생산자 서비스 회사들이 다도시 네트워크를 형성하게 하는 데 기여했다. 이러한 세계화는 처음에는 우연적이고 단편적으로 시작되었으나 그 사무소 분포는 무작위도 아니고 균일하지도 않다. 오히려 서비스의 밀집 정도가 도시마다 상이하게 나타나고 있다. 그 결과 도시 내 새로운 경제 클러스터가 형성되고 도시 간 경제 네트워크가 구축되고 있다.

   이러한 비즈니스 서비스 회사의 사무소는 종종 전 세계도시에 흔히 등장하는 고층 빌딩에 입주해 있다. 뉴욕, 런던, 도쿄에 주목한 사스키아 사센(Saskia Sassen, 2001)은 각 도시 내에서 기업 본사가 고급 생산자 서비스에 대한 수요를 창출하고 이러한 서비스 회사들이 해당 수요를 충족시키는 밀접한 수요-공급 관계를 밝혀냈다. 그녀의 이 영향력 있는 저작에서 이 세 도시는 세계도시(global city)로 명명되었다. 그녀는 이러한 도시가 소수에 불과하다고 보았는데 시카고, 로스앤젤레스, 파리, 프랑크푸르트, 베이징, 상하이, 홍콩, 싱가포르가 대표적으로 추가된다. 그러나 이 개념에는 문제가 있다. 그것은 마치 다른 도시들은 글로벌하지 않다는 인상을 주기 때문이다. 그러나 네트워크 사회는 그렇게 제한적으로 작동하지 않는다. '비글로벌 도시'라는 장소는 존재하지 않는다. 모든 도시는 세계화되고 있으며 방식과 정도가 다를 뿐이다. 이에 따라 카스텔은 사센의 글로벌 도시 개념을 자신의 네트워크 사회에서 핵심 요소로 수용하면서도 그 과정을 다른 도시들로 확장하여 전 지구적 네트워크 사회 전체에 걸쳐 경제 과정을 침투하는 훨씬 더 광범위한 도시 네트워크를 상정하였다. 이것이 바로 사센의 글로벌 도시들을 빙산의 일각에 비유한 세계도시 네트워크다.

세계도시 네트워크는 선도적 고급 생산자 서비스 기업들의 사무소 네트워크의 결합체로 개념화된다(Taylor, 2001). 각각의 회사는 본사가 있는 도시와 그 회사만의 세계화 방식에 따라 서로 다른 사무소 네트워크를 가지고 있지만 대부분 여러 도시를 포함하며 다른 회사의 네트워크와 상당 부분 중첩된다. 각 사무소는 일상적으로 자사의 다른 사무소들과 교류하며 이러한 상호작용을 통해 도시간 정보 및 지식 흐름이 생성된다. 이 흐름은 명령, 평가, 전략, 자문, 조율, 전문적 투입, 암묵지, 데이터 분석, 계획 등 다양한 업무를 포함한다. 다시 말해 흐름을 생성하는 것은 기업이지만 세계도시 네트워크의 결절점은 도시다. 도시 간 총체적 업무 흐름은 주요 고급 생산자 서비스 기업의 사무소 네트워크 데이터를 활용하여 추정할 수 있다. 다양한 연도에 대한 분석은 항상 런던과 뉴욕 간의 연결이 세계도시 네트워크에서 가장 크다는 점을 확인시켜 준다. 실제로 이 연결은 고유 명칭이 있으며 '나일론(NYLON)'이라고 불린다. 이는 두 도시의 개별적 중요성을 넘어서 상호 관계의 상보성을 의미한다. 예컨대 금융 거래에서 뉴욕은 창의적 혁신의 중심지이며 런던은 그러한 혁신을 적용하고 확산시키는 글로벌 플랫폼으로 기능한다. 양 도시의 상업적 수익성이라는 측면에서 뉴욕의 금융 클러스터는 집적 효과가, 런던은 연결성 이점이 상대적으로 더 크다.

2018년을 기준으로 175개 선도적 고급 생산자 서비스 기업의 사무소 네트워크를 바탕으로 한 세계도시 네트워크의 최대 규모 연결 일부는 〈표 8.1〉에 제시되어 있다. 해석의 용이성을 위해 모든 연결은 최대 연결인 나일론을 100%로 설정하여 백분율로 표시되었다. 런던 및 뉴욕 각각과 연결된 상위 10개 도시가 제시되어 있으며 두 도시 모두 가장 큰 연결은 상대 도시, 즉 나일론과의 연결임을 보여준다. 두 번째로 큰 연결은 런던과 홍콩 간 연결인데 이는 나일론의 72%에 불과하여 나일론의 전체적 중요성을 더욱 부각시킨다.

이 표에서 주목할 점은 두 도시의 연결 목록이 매우 유사하며, 동일한 순위의 도시 8개가 일치한다는 점이다. 단지 런던 쪽 연결의 백분율이 약간 더 높다. 이는 많은 기업들에게 런던이 글로벌 플랫폼 역할을 한다는 점을 반영한다. 두 목록의 차이는 인접 도시의 포함 여부에서 드러나며, 런던 쪽에는 프랑크푸르트가, 뉴욕 쪽에는 시카고가 포함되어 있다. 이 결과는 세계도시 네트워크의 상층부가 매우 구조화되어 있음을 시사하며, 대부분의 기업들이 세계적 활동을 위해 런던과 뉴욕 양쪽 모두에 진출해야 하고, 나머지 열 개 도시에도 진출하는 경우가 많다는 점을 보여준다.

〈표 8.1〉 런던 및 뉴욕과 연결된 상위 10개 도시

런던의 주요 연결		뉴욕의 주요 연결	
뉴욕	100	런던	100
홍콩	72	홍콩	71
싱가폴	71	싱가폴	68
파리	63	파리	62
상하이	62	상하이	61
베이징	61	베이징	58
두바이	56	시카고	55
도쿄	56	도쿄	55
시드니	56	시드니	54
프랑크푸르트	52	두바이	53

이러한 주요 연결을 넘어 세계도시 네트워크는 수많은 도시 사이의 추가적 연결로 구성되어 있으며, 이는 기업 세계화의 지속적 발전에 기여한다. 〈표 8.1〉의 분석은 총 707개 도시를 포함하며, 이 복잡한 네트워크를 살펴보면 세계 각지의 기업들에 의해 형성된 지역 패턴, 즉 서브넷(subnets)이 나타난다. 예컨대 서유럽, 라틴아메리카, 남아시아, 동아시아에서 중요한 서브넷이 관찰된다. 이들은 결코 자율적인 것이 아니라 모두 나일론과 연결되어 있으며 세계도시 네트워크가 단순한 위계가 아닌 복잡한 지리적 구조임을 보여준다. 그러나 이 가운데 세 개의 대규모 서브넷은 전 지구적 범위를 가지고 있으며 두 개는 과거부터 존재했고 하나는 새롭게 부상하고 있다.

이 세 개의 서브넷은 광역 세계화(extensive globalization), 집약 세계화(intensive globalization), 그리고 중국식 세계화(China globalization)로 명명된다. 이들은 수많은 도시 간의 연결로 구성되어 있으나 설명의 편의를 위해 각 서브넷에서 두 가지 연결만을 제시한다. 첫째는 해당 서브넷 내에서 각 도시가 갖는 전체 연결을 나타내며 이는 해당 도시가 그 서브넷 내에서 수행하는 업무의 중요성을 반영한다. 둘째는 지휘 연결(command links)로 서브넷 내 업무를 총괄하는 본사 기능이 어디에 위치하는지를 보여준다. 각 서브넷에서 전체 연결이 가장 많은 도시와 지휘 연결 도시가 일치하지 않는 경우가 많지만 예외적인 경우도 있다.

〈표 8.2〉는 광역 세계화 서브넷에 대한 두 가지 연결을 보여준다. 이는 제국주의 및 초기 미국식 세계화의 계승자인데 뉴욕을 통해 주로 보조되는 글로벌 사우스의 도시(이전에는 공급지였으며 현재는 제조 공급지 포함)와의 연결이 특징적이다. 초기 미국의 상업적 확장은 라틴아메리카를 중심으로 이루어

졌으며 이는 전체 연결에서 명확히 드러난다. 지휘 연결은 매우 달라서 뉴욕과 함께 런던이 최상위에 있으며 이는 제2차 세계대전 직후 미국 경제의 역외 금융 중심지로 기능했던 런던의 역할을 반영한다. 그러나 오늘날의 서브넷에서는 두 개의 미국 도시, 세 개의 유럽 도시, 그리고 도쿄까지 포함되어 훨씬 복잡한 양상을 보인다. 이 서브넷은 전체 및 지휘 연결의 광범위함으로 인해 광역(extensive)이라는 수식어가 붙여졌다.

〈표 8.2〉 광역 세계화 서브넷

전체 연결	지휘 연결
뉴욕	뉴욕
보고타	런던
멕시코시티	시카고
리마	파리
부에노스아이레스	보스턴
부다페스트	도쿄
바르셀로나	브뤼셀
프라하	더블린

〈표 8.3〉은 집약 세계화 서브넷의 두 가지 연결을 보여준다. 런던은 뉴욕과 함께 두 목록 모두에서 최상위에 위치하지만 그 외에는 미국 도시들이 대부분을 차지한다. 전체 연결 기준으로는 홍콩과 파리도 포함되는데 파리는 런던 외에 유일하게 포함된 유럽 도시이다. 지휘 연결 목록은 유사하지만 런던 외에 도쿄와 베이징이 포함되어 있다. 홍콩과 베이징이 나타나는 방식은 각 도시의 전략적 위치를 보여준다. 홍콩은 오랜 기간 중국으로의 관문 역할을 해왔고 베이징은 새로운 글로벌 지휘 중심지로 부상하고 있다. 이 서브넷은 주요 도시들에 연결이 집중된다는 점에서 사센의 글로벌 도시 논리를 반영하며 그로 인해 집약(intensive)이라는 이름이 붙여졌다.

〈표 8.4〉는 최근 10년 동안 부상한 중국식 세계화 서브넷에 대한 두 가지 연결을 보여준다. 전체 연결 목록은 중국의 주요 도시들이 대거 포함되어 있으며 이 서브넷의 활동이 한 국가 내에서 집중되어 있음을 보여주며 지역 규모 서브넷의 성격을 띤다. 그러나 지휘 연결은 전혀 다른 양상을 보여준다. 베이징과 상하이가 상위를 차지하는 것은 당연하지만 목록의 절반은 비중국 도시들이다. 다시 뉴욕과 런던이 등장하며 싱가포르와 도쿄 같은 아시아 이웃 도시들도 포함된다. 이러한 지휘 연결에 근거해 이 서브넷은 '세계화' 서브넷으로 명명되며 아직은 부상 중이다.

〈표 8.3〉 집약 세계화 서브넷

전체 연결	지휘 연결
뉴욕	뉴욕
런던	런던
워싱턴DC	시카고
시카고	보스턴
팰로앨토	워싱턴DC
로스앤젤레스	로스앤젤레스
홍콩	도쿄
파리	베이징

〈표 8.4〉 중국 세계화 서브넷

전체 연결	지휘 연결
베이징	베이징
선전	상하이
항저우	선전
상하이	뉴욕
지난	싱가폴
청두	푸저우
쿤밍	도쿄
우한	런던

마지막으로 중요한 점은 서브넷의 경우 지도에서 경계가 분명한 지역으로 표현될 수 있는 구조가 아니라는 것이다. 서브넷은 전체 네트워크 내에서의 복잡한 연결 패턴이며 이들의 복잡성은 서로 중첩된 구성원들에 있다. 뉴욕과 런던은 세 서브넷 모두에 포함된 가장 명백한 사례이지만 이와 같은 중복은 동시대 세계도시 네트워크의 매우 복합적인 구성에서 흔히 발견된다.

다결절적 도시지역

도시의 외부 관계에 대한 전통적인 이미지는 도시를 주변의 농촌 배후지의 중심으로 간주하는 것이었다. 도시는 그 배후지의 크기에 비례하여 규모가 달라지며 이러한 위계 속에서 도시들은 도시 체계를 구성한다고 여겨졌다. 기업 세계화가 본격화되기 이전에는 내셔널한 도시 체계(national urban systems)를 연구하는 학문적 전통이 존재했다. 그러나 이처럼 도시 간 관계의 경계를 국가 내부로 한정하여 뉴욕과 런던 같은 국가 간 연결을 인정하지 않았던 접근은 이제 앞서 설명한 세계 도시 네트워크(world city network) 분석으로 대체되었다. 도시의 배후지에 초점을 맞춘 연구는 본질적으로 도시와 지역(city-local)의 관계에 집중했는데 이 분야는 도시 간 위계 관계를 강조한 중심지 이론의 영역이었다. 이후 이러한 중심지 이론은 비지역(non-local)에 대한 초점과 보다 수평적인 네트워크 구조를 특징으로 하는 중심흐름 이론(central flow theory)과 결합했다(Taylor et al. 2010). 세계 도시 네트워크는 이러한 중심흐름 이론의 동시대적 표현이다. 두 과정은 모든 도시에서 작동한다. 하나는 국가 내부의 지역적 경쟁 위계이며 다른 하나는 정치적 경계를 초월하는 비지역적 네트워크 상호성이다. 후자의 경우 네트워크의 힘은 연결 외부성과 집적 외부성의 결합에서 나타나며, 이는 사센(Sassen, 2001)이 글로벌 도시 형성(global city formation)을 설명하면서 제시한 바 있다. 흥미롭게도 세계화 과정 속에서 이러한 비지역적 네트워크는 인근의 소도시에 파급효과를 발생시켰다.

파급효과는 기존 농촌 배후지를 압도하는 고도로 도시화된 현지에서 지역(local region)의 형성을 촉진한다. 이 과정은 19세기 산업 도시가 주변 지역으로 확장되면서 경험되었으며 20세기 초에는 광역도시권(conurbation)이라는 개념으로 명명되었다. 세계도시 네트워크의 파급효과는 이보다 훨씬 더 강력하며 훨씬 더 큰 도시 집합체(conglomeration)를 형성한다. 이들은 메갈로폴리스(megalopolis), 글로벌 도시지역(global-city-region), 메가도시지역(mega-city-region), 다핵적 메트로폴리스(polycentric metropolis) 등의 용어로 불리는데 여기서는 간단히 다결절적 도시지역(multi-nodal city-region)으로 부르고자 한다. 앞서 네트워크의 결절로 언급된 모든 도시들은 동시에 다중핵 도시권의 구성 요소이기도 하다.

다결절적 도시지역에 대한 연구는 주로 두 가지 경로를 통해 이루어져 왔다. 하나는 형태이고 다른 하나는 기능이다. 도시 형태 접근은 대규모 도시 계획 및 거버넌스를 촉진하는 데 초점을 맞추며 계획의 대상이 될 경계를 설정하는 지도 제작에 특히 관심을 둔다. 7장에서 논의했듯이 이러한 경계에 대한 강조는 도시를 과정으로 보는 관점과 충돌한다. 도시를 지도 위의 조각으로 환원하는 것은 도시의 본질에 대한 오해를 드러낼 뿐이다. 기능적 측면에서 접근은 도시를 경쟁적 실체로 홍보하는 데 초점을 맞추며 글로벌 세계에서 번영하기 위해서는 도시의 대규모화가 필요하다는 주장을 담고 있다. 하지만 이것 역시 도시가 작동하는 방식에 대한 매우 제한적인 이해에 기반하고 있다. 이러한 비판은 실질적 정책 제안의 내용을 보면 확인된다. 기반시설, 특히 교통에 대한 강한 강조에도 불구하고 연결성과 결합된 경제적 집적의 중요성은 명백히 간과되고 있다.

이제는 이처럼 미숙하게 감추어진 지역 선전주의(local boosterism)을 걷어내고 계획이라는 장애물 없이 실질적으로 전개되고 있는 다결절적 도시 형성에 주목할 때다. 가장 먼저 지적할 점은 다결절적 도시지역에 하나의 보편 모델이 존재하지 않는다는 것이다. 가장 단순히 보더라도 그것은 두 개의 상호 구별되는 공간 구조의 형성과정으로 나뉠 수 있다. 첫 번째는 확산 효과라는 용어로 떠올릴 수 있는 전형적 과정이다. 세계도시 네트워크 속의 주요 도시가 인근 도시들에서 관련된 경제 활동을 자극하는 구조다. 그 결과 하나의 도시가 지배적인 일극형(primate) 구조가 형성된다. 예컨대 런던 도시권이 동남 잉글랜드를 포괄하거나 뉴욕 도시권이 뉴저지와 코네티컷으로 확장되는 경우가 대표적이다. 이들 사례에서 소도시들은 그 두 개의 세계도시에 근접해 있다는 사실로부터 이익을 얻는다. 이는 일반적으로 차용 규모라 불리는 과정의 작동 방식이다. 규모가 작은 도시들에는 존재하지 않는 대도시적 상품과 서비스가 지역적으로 이용 가능하게 되는 것이다.

두 번째 다결절적 도시지역의 형성 과정은 대체로 유사 규모의 여러 도시들이 통합되어 하나의 결합체를 이루는 것이다. 대표적인 사례는 네덜란드 중심부의 란드스타트 홀란드(Randstad Holland)인데 여기서는 암스테르담, 로테르담, 헤이그, 위트레흐트를 포함한 다수의 소도시들이 링 도시(ring city)를 형성하고 있다. 이러한 지역의 핵심 특징은 서로 매우 다른 그 지역의 주요 도시 각각이 지역 전체에 다양한 기여를 제공한다는 점이다. 두 번째 대표 사례인 독일 서부의 라인-루르(Rhine-Ruhr) 지역도 마찬가지이다. 도르트문트, 에센, 뒤스부르크, 뒤셀도르프, 쾰른, 본이 주요 도시인 이 지역은 라인 지역에 위치한 장기적 무역 도시들과 루르 지역에 자리잡은 19세기 산업 도시들의 결합이다. 현재 이 지역의 흥미로운 점은 두 주요 도시의 연결성이 보이는 윤곽이 다르다는 것이다. 뒤셀도르프는 글로벌 연결성이, 쾰른은 국가 내 연결성이 더 강하다. 이 둘이 지역에 필요한 연결 외부성을 함께 제공하고 있는 셈이다.

위 네 가지 사례는 두 가지 형성 과정을 설명하기 위한 전형적 예시로 유용하지만 다결절적 도시지역의 일반적 유형으로 이해해서는 안 된다. 대부분의 다결절적 도시지역은 두 과정이 혼합된 형태를 보인다. 캘리포니아의 두 다결절적 도시지역이 이를 잘 보여준다. 남부 캘리포니아의 광역 로스앤젤레스 지역은 롱비치, 애너하임, 산타 아나, 리버사이드를 포함하며 일극형 구조를 띠지만 그 정도는 뉴욕이나 런던에 비할 수 없다. 북부 캘리포니아의 샌프란시스코 베이 지역 역시 그 중심에는 글로벌 금융 중심지가 존재하지만 그것의 구조는 훨씬 더 다양하다. 또한 그곳에는 캘리포니아의 정치 중심지인 새크라멘토만이 아니라 오클랜드/버클리 그리고 실리콘밸리의 산호세와 글로벌 하이테크 중심지인 팔로알토도 위치해 있다. 이 도시들의 조합은 긍정적 외부성과 부정적 외부성이 혼재하는 다양하고 복잡한 외부성의 혼성체를 형성한다. 예컨대 주거비 격차와 같은 물질적 불평등은 대표적인 부정적 외부성이다.

마지막으로 이해해야 할 점은 다결절적 도시지역이 위에서 설명한 것처럼 정적인 구조가 아니라 본질적으로 역동적이라는 것이다. 이는 최근 중국의 사례에서 잘 드러난다. 그곳에서는 현대적 도시화가 매우 빠르게 진행되고 있기 때문이다. 남중국에서는 광저우가 1978년 이후 경제 개혁의 가장 큰 수혜자였다. 세계 도시 네트워크 속의 주요 결절로서 광저우가 중심이 되어 수출 제조업을 수행하는 여러 도시들이 결집한 일극형 구조가 먼저 형성되었다. 그러나 이후 이러한 위계적 과정은 보다 수평적인 발전으로 전환되었다. 예컨대 선전은 금융 중심지로 부상하고 홍콩 및 마카오와 연결되며 매우 이질적인 주강 삼각주(Pearl River Delta) 다결절적 도시지역이 형성되었다. 세계 도시 네트워크가 그러하듯 다결절적 도시지역도 언제나 과정 속에 있다.

결론적 보완: 지구적 엘리트의 엔클레이브

세 가지 세계화는 서로 다른 초부유층 엘리트를 배출했다. 이들은 물질적 부의 수준에서 사회의 나머지 구성원들과 단절된 삶을 영위하는 이들이다. 제국적 세계화 시기에는 식민지에서 귀국하여 대저택이나 샤토(chateaux)에 거주한 이들이 이에 해당했으며(19세기 말 미국에서는 이 시기의 극심한 불평등을 도금시대라 일컬었다), 미국 주도의 세계화 시기에는 백만장자들, 이른바 제트족(jet set)이 그 자리를 차지했다. 그리고 오늘날의 기업 세계화 하에서는 그 범주가 억만장자로 격상되었고 그 수는 수천 명에 달하며 드물게는 조만장자도 등장했다. 이들 글로벌 엘리트는 모두 1장에서 카스텔이 제시한 세 가지 흐름의 공간 중 세 번째 공간에 거주한다. 이는 부의 엔클레이브를 말한다. 이곳은 세계경제의 통상적 부침으로부터 엘리트의 삶을 단절시킨다. 또한 이곳에서 엘리트의 물질적 자산은 독점적 소규모 네트워크를 통해 유통된다.

오늘날의 글로벌 엘리트는 기업 세계화가 가능케 한 개인 간 불평등의 정점에 있는 계층이다. 이들의 실용적 그리고 문화적 필요는 통합된 섬들로 이루어진 기반시설을 통해 충족된다. 이 섬들은 물리적 실체를 가진 경우도 있고 폐쇄 구역이거나 일반 소비자가 접근할 수 없을 만큼 고가인 경우도 있다. 이들은 전용 제트기, 요트, 선팅된 리무진 등으로 연결되며 글로벌 노스와 글로벌 사우스를 망라하는 매우 코스모폴리턴한 엘리트 계층을 형성한다. 이 계층에 진입하는 유일한 조건은 재산이다. 이들을 위한 가장 가시적인 제도는 매년 스위스의 외딴 스키 리조트 다보스에서 열리는 세계경제포럼이다. 이곳에서 글로벌 리더들은 세계의 문제를 해결하겠다며 모여든다. 다보스는 일종의 일시적 부유층 클러스터다. 그것은 특정 산업 분야의 연례 박람회와 유사하지만 여기서의 전문성은 막대한 부이며 이들의 초대를 받은 자들도 이 부유층에게 유용한 존재들이다. 그러나 이러한 대규모 집합은 예외적인 경우다. 글로벌 엘리트의 엔클레이브는 대개 현지와 무관한 소규모 응집체로 도심의 고급 주거지나 유행하는 여가 공간에 분산되어 있다. 이와 같은 조건에서는 최신 전자 인프라와 개인의 소규모 네트워크로 구성된 연결성 외부성이 중요해지며 이는 단편적 활동들을 글로벌 스케일에서 응집될 수 있도록 한다.

그러나 이러한 경향은 변화하고 있을 수 있다. 오늘날의 극단적인 불평등은 실제로 하나의 도시에 경제적 초부유층 집적을 형성하고 있다. 롤런드 앳킨슨(Rowland Atkinson, 2020)은 지난 수십 년간 전 세계의 억만장자들이 런던에 자택 혹은 여러 자택 중 하나를 두는 일이 급증하고 있다고 지적하며 그 도시를 알파 시티(alpha city)라 명명한다. "그 결과 부는 도시의 산업 중 하나가 된다"(4쪽). 이 산업은 바로 초부유층을 대상으로 한 서비스 산업이다. 자산운용을 담당하는 은행가, 조세 회피를 설계하는 회계사, 자산을 방어하는 변호사 등은 물론, 보다 다양한 계층의 인구도 이들 경제권에 편입된다. 여기에는 정치인, 부동산 개발업자, 도시계획가 등 독자적 권력을 가진 인물들도 포함되며, 건축업자, 의사, 건축가, 부동산 중개업자, 명품 판매업자, 여가 산업 종사자, 미술품 중개인 및 경매인, 재단사, 자동차 판매업자 등 엘리트 계층의 활동을 통해 생계를 유지하는 다수의 전문 인력 또한 포함된다.

문제는 이러한 구조가 본질적으로 현지의 응집체가 아니라는 점이다. 그것은 런던에 있지만 런던에 속하지 않은 응집체다. 예컨대 고급 부동산의 상당수는 소유되지만 실제로 거주되는 경우는 드물며 단지 더 나은 투자처가 나타날 때까지 자금을 잠시 묶어두는 용도일 뿐이다. 그 결과 도시와 시민에 대한 전통적 책무가 뒷전으로 밀려나게 되었다. 이에 앳킨슨은 런던이 글로벌 엘리트와 일종의 파우스트적 거래를 맺었다고 주장한다. 이러한 맥락에서 세계 도시 네트워크에서의 런던이 갖는 명백한 위상에도 불구하고 세계화는 런던에 해악이 되었으며 런던시민에게도 점점 더 기능장애적인 영향을 미치고 있다.

도시 인사이트 I

벤 롤런스의 다다브

1992년 동북 케냐에 설치된 난민 캠프 다다브(Dadaab)에 관한 벤 롤런스(Ben Rawlence, 2016)의 저서 『가시 돋힌 도시(City of Thorns)』의 결론부터 보자. 이 캠프는 수단 내전에서 탈출한 이들을 수용하기 위해 설립된 것이었는데 그는 책의 말미에서 다음과 같이 적었다. "공식 지도에는 없을지라도 소말리아인의 상상 속에서 다다브는 이제 지도에 존재하는 장소가 되었다"(346쪽). 이는 다다브가 적대적인 사막지대에 위치해 있고 이후 케냐 정부의 반대까지 겪었음에도 불구하고 나온 평가다. 다다브는 본래 10만 명 이하를 수용할 목적으로 계획되었으나 실제로는 약 50만 명을 수용하여 반경 800킬로미터 내에서 가장 큰 도시가 되었다. 이러한 현상이 어떻게 발생했는지를 파악하기 위해 롤런스는 2010년부터 2014년까지 다다브를 여러 차례 방문하고 수백 명의 주민을 인터뷰했다. 그는 이러한 인터뷰와 사건에 대한 구체적 관찰을 집약하여 임시 거처로 여겨졌던 장소에서 삶을 꾸리고 생계를 만들어가는 장면을 그려낸다.

형식적으로 볼 때 국제사회는 소말리아에서 탈출한 이들을 위해 케냐 정부가 제공한 토지에 난민 캠프를 설치했다. 이곳에는 치밀한 공간계획에 따라 주거지와 함께 기초적 보건 및 교육 서비스가 마련되었으며 등록된 주민에게는 식량 쿠폰이 제공되었다. 그러나 난민들에게는 정규직 일자리가 제공되지 않았다. 필요 업무를 자원봉사 형식으로 수행할 경우 일정한 특혜가 주어지되 정기적 급여는 없다. 모든 주민은 이곳을 임시 거처로 삼은 후 이내 떠날 것으로 기대되었으며 그 목적지는 케냐가 아니라 서구의 수용국 혹은 본국 소말리아였다.

하지만 현실은 이 단순한 공식적 설명과는 전혀 다르다. 다다브는 두 개의 상반된 부패 경제가 교차하는 지점이 되었다. 하나는 인도주의 경제로 이는 국제사회로부터 유입된 식량이 난민에 의해 저가로 재판매되면서 케냐 내 농산물 공급과 수요 체계를 붕괴시키고 해당국의 농업을 저해하는 경제이다. 이 체계에서 국가적 수혜자는 전체 식량 공급의 80%를 처리하는 남부의 항구도시 몸바사(Mombasa)이다. 동시에 다다브에는 밀수 경제가 활성화되어 있는데 북쪽 소말리아의 키스마요(Kismayo) 항구에서 유입되는 설탕이 그 중심이다. 이 밀수 경제는 관세 회피, 뇌물, 갈취를 통해 소수에게 막대한 이윤을 제공하고 더 많은 이들에게 일자리를 제공한다. 이로 인해 케냐의 자국 설탕 산업은 침체되고 있다. 이 같은 구조 속에서 "다다브에서 실제로 중요한 것을 통제하는 이들은 그곳에 살지 않는다"(275쪽)는 말이 성립된다. 이들은 케냐 정치인, 소말리아 사업가(최근에는 급진주의 단체 알샤바브 포함), 유엔 기구 인사 등으로 이루어진 엘리트 집단이다. 그중 중심 행위자는 케냐 정부로 보인다. 그러나 문제는 이 정부가 국가라기보다는 "부패한 경쟁 카르텔들의 집합체"(135쪽)에 가깝다는 점이다. 이런 상황 속에서 2014년경 케냐 정부는 다다브를 "평지로 만들기를 원했다"(346쪽). 이들의 시각에서 보았을 때 이제 이 도시는 감당할 가치가 없는 존재였다.

그러나 이처럼 보다 현실적인 해석조차 다다브의 모습을 온전히 포착하지 못한다. 일차원적으로 생각하면 다다브는 저주받은 곳이다. 형식적 시각과 부패 구조 외에도 미국 국무부는 이 캠프를 자국의 대테러 의제에 끼워 맞춘다. 다다브는 이슬람 테러리스트의 온상으로 간주되며(3쪽) 이는 알샤바브가 다다브를 소말리아 전쟁의 연장선이자 신병 모집의 기회로 보는 시각과도 맞닿아 있다. 여기에 더해 세계 언론은 다다브를 새로운 참사의 현장으로 보도하며 기근이나 재난에 관한 뉴스를 생산하기 위해 이곳을 "아이티 2부"(104쪽)라 명명하기도 한다. 이러한 시각들은 모두 다다브의 현실에 영향을 미치고 있다. 하지만 이는 다다브의 주민이 외부 영향에 수동적으로 휘둘리는 존재라는 의미가 아니다. 롤런스는 외부에서 유입된 조건 변화에 대한 다다브 주민들의 다양한 대응 양태를 기록하고 있다. 이들은 변화의 물결을 각기 다른 방식과 수준으로 헤쳐나간다. 이런 아래로부터의 시각에서 보면 다다브는 단순한 상업적 교차지점 이상의 존재다. 그것은 삶이 구성되고 생계가 만들어지는 복합적 생태계, 즉 도시 과정 그 자체이다.

다다브의 규모는 크다. 그것은 하나의 대규모 응집체이며 다양한 노동 기회를 제공한다. 보스니아(Bosnia)라 불리는 대형 시장도 존재하는데 이 명칭은 시장이 처음 형성되었을 당시 뉴스에서 가장 많이 언급되던 장소에서 유래하였다. 이곳에서는 "식료품, 의류, 라디오, 발전기, 휴대전화, 커다란 얼음덩이 등 모든 것을 구매할 수 있다"(37쪽). 보스니아는 "경쟁, 투쟁, 불확실성의 도가니"(46쪽)이자 "광기 어린 상업활동의 공간"(50쪽)이다. 시장의 밝은 불빛 너머 모든 블록마다 모퉁이 상점이 자리 잡고 있는데 이는 "자본을 가진 기업가적 난민들에 의해 건설된 것"(39쪽)이다. 일부 의 경우에는 수입 대체 현상도 나타난다. 예컨대 소말리아에서 트럭으로 들어오는 파스타와 얼음을 대체하기 위해 현지 생산이 이루어지고 있다(37쪽). 전반적으로 다다브의 시장은 토마토에서 트럭까지 모든 것을 판매하며 연간 매출 규모는 "최소 2,500만 달러로 추정된다"(46쪽). 이러한 모든 활동은 인도주의 경제에 기반한다(47쪽). 다시 말해 비상사태는 경제에 유리하며 새로운 인구 유입과 함께 쿠폰이 등록되면 이는 "기회"가 된다(90쪽). 이는 "비즈니스 기회"를 말한다(106쪽). 이에 따라 "좋은 기근을 맞았다"는 표현도 등장하는데 이는 "기근으로 인해 기관들이 배포한 물품이 현금화되는 상황"(163쪽)을 의미한다. 그러나 부정적인 측면에서 보면 "평화는 일반적인 번영만을 가져올 뿐이었다. 진짜 돈은 혼돈 속에 있었다"(216쪽). 예컨대 경찰 단속조차 "공식적으로 허가된 갈취의 또 다른 기회", 즉 보호 산업의 일환이 된다.

하지만 다다브는 단순한 경제적 와일드 웨스트 이상이기도 하다. 여기에는 물질적 필요를 넘어선 도시의 확장적 구조가 명확히 존재한다. 이는 주로 92년 그룹 — 캠프가 처음 개설되었을 당시 아동으로 도착하여 평생을 다다브에서 살아온 이들(149쪽) — 에 의해 이뤄진다. 이들은 유급 직원들이 본인의 안전을 위해 이탈하는 비상 상황에서도 서비스 운영을 자원하여 유지하는 자들이다. 그중 한 명은 자신의 일을 "예산 없이 중규모 도시를 운영하는 것과 같다"고 묘사한다(150쪽). 이들은 다다브 내에서 시민사회를 창출했다. 다다브에는 수많은 스포츠팀, 특히 축구팀이 존재하고 이들 사이에는 정식 리그 체계까지 구축되어 있다. 케냐 정부의 철거 정책과는 달리 "다다브는 작동하고 있었다". "그곳에서 살아온 여러 세대의 축적된 에너지를 통해 다다브는 장소로서의 무게와 드라마를 획득했다"(346쪽). 다다브는 96%가 소말리아인이지만 우간다, 콩고, 부룬디, 르완다, 에티오피아 등 타국 재난으로부터 피난한 이들도 포함되어 코스모폴리탄 시티로의 변화를 시작했으며 무료 식량과 서비스에 끌린 케냐인들도 그곳으로 유입되고 있다(91쪽). 이것이 바로 "지도 위의 다다브"(346쪽)이다.

9장
—

자연 속의 도시

서론: 불균등한 자연

도시는 전통적으로 비자연적인(un-natural) 장소로 간주되어 왔다. 그것은 자연이 만개하고 누구나 그 아름다움을 향유할 수 있는 전원적 녹지 경관과 구별되는 공간으로 이해되어 왔다. 하지만 이러한 낭만적 관념은 본서에서 제시된 도시 개념과 정면으로 배치된다. 이 책에서는 도시와 농촌이 단일한 생태계의 일부를 구성한다고 본다. 지구상의 모든 존재와 마찬가지로 도시는 자연 속에 있으며 그 지구적 생태계의 일부로서 기능하고 있다. 다만 도시는 자연의 여타 구성요소와 다소 상이한 외양을 지닐 뿐이다.

도시가 자연 속에서 어떻게 자리 잡고 있는지를 사고하기 위한 하나의 생산적 출발점은 두 개의 자연(two Natures)을 상정하는 것이다. 제1자연(First Nature)은 우리가 일반적으로 생각하는 자연, 즉 생명 세계와 이를 유지시키는 환경을 의미한다. 제2자연(Second Nature)은 인간이 제1자연을 활용하여 자신의 생존과 번영을 도모하는 일련의 행위가 가져온 자연을 가리킨다. 이 관점에서 도시란 제2자연의 정점에 위치한 존재다. 이는 제1자연만큼이나 복잡한 생태계를 인간이 구축해낸 결과라 할 수 있다. 따라서 인류 최초의 위대한 문명들이 — 제1자연의 지속적인 자원 공급을 받을 수 있는 거대한 강 유역이라는 입지상의 이점을 활용한 — 도시를 기반으로 형성되었다는 사실은 결코 우연이 아니다. 도시의 형성과정, 특히 집적과 연결이라는 이점은 강력한 제2자연을 창출하는 핵심적 기제로 작용했다.

이런 사고방식에 제기될 수 있는 반론도 존재한다. 모든 종은 자신의 생존과 재생산을 위해 환경을 활용한다. 그렇다면 종마다 고유한 제2자연을 지닌다고 말할 수 있지 않은가? 만일 지구의 생태계가 이렇듯 수많은 '제2자연들'이 얽히고설킨 기능적 총체로 구성되어 있다면 인간의 제2자연에는 도대체 어떤 특별함이 있다는 말인가? 이에 대한 답은 인간의 제2자연이 작동하는 스케일에 있다. 여타 종들은 국지적인 환경 — 자신의 영역과 그 경로 내에서 확보한 자원 — 을 통해 생존하고 번식한다. 반면 인간은 거래 행위를 통해 비국지적(non-local) 자원을 활용하여 자신을 재생산한다. 도시에 의해 조직된 이 과정은 규모와 강도의 측면에서 점차 확대되어 마침내 전 지구적 차원에 이르게 되었다. 즉 인간의 제2자연은 이제 제1자연과 동일한 스케일로 작동하고 있다. 이로 인해 인간 제2자연은 제1자연을 위협하는 존재가 되었으며 그중 특히 인간 활동이 초래한 기후변화는 지구상의 모든 생명체에 중대한 영향을 미치고 있다.

도시를 통해 팽창을 거듭한 인간의 제2자연은 전 지구적 생태계를 점점 더 불균형 상태로 몰아가고 있다. 이 상황은 도시의 자기모순적 성공을 고발하는 것이기도 하다. 도시는 말 그대로 성장 기계(growth machines)로서의 성공 때문에 스스로의 희생양이 된 것이다. 그러나 도시는 혁신과 적응의 잠재력을 갖춘 존재이기도 하다. 지금의 불균형을 초래한 도시의 역량은 역설적으로 이 불균형을 극복하기 위한 자원으로도 활용될 수 있으며 실제로 오늘날 녹색 도시(green cities)라는 이름 아래 다양한 정책적 실천이 전개되고 있다. 이 장의 1절은 이러한 녹색 도시 구상의 다양한 시도를 다룬다. 그러나 이러한 도시 차원의 대응이 전 지구적 위기에 맞서기에는 역부족이라는 회의론도 존재한다. 2절은 필요한 규모의 행동으로 확장하기 위한 방법으로 보다 포괄적인 개념인 도시의 녹색 네트워크(green networks of cities)를 탐색한다. 마지막으로 결론적 보완에서는 이 책의 주장이 완전한 원을 그리는 귀결점에 이른다. 여기서는 문명을 창조한 도시가 결국 문명을 파괴하는 존재가 될 것인가라는 문제를 부디 그러지 않기를 바라면서 다룰 것이다.

녹색 도시

데이비드 오웬(David Owen, 2009)은 뉴욕이 미국에서 가장 친환경적인(greenest) 공동체라 주장하며 도시에 대한 전통적 관점을 익살스럽게 비튼다. 그는 뉴욕을 녹색 대도시(green metropolis)라 부르는데 이는 뉴욕 주민들의 화석연료 사용량이 다른 어떤 지역보다도, 심지어는 농촌보다도 적기 때문이다. 이 현상은 자동차 보유율이 낮고 대중교통 이용률이 높은 도시의 고밀도 주거 구조 덕분에 가능하다. 이 사례를 서두에 제시하는 이유는 다음을 강조하기 위해서이다. 녹색이라 지정된 도시는 인간의 제2자연이 제1자연과 조화를 이루는 데 기여하고 있다는 점을 의미한다. 따라서 6장에서 다룰 로스앤젤레스를 중심으로 한 수평적 도시, 즉 고소비적 교외화의 전형은 무성한 잔디밭들로 인해 겉보기에 더 녹색처럼 보일 수 있으나 실제로는 녹색 도시 개념과 정반대에 위치한다.

1992년 리우데자네이루에서 개최된 지구 정상회의의 핵심 성과 중 하나는 국가 간 협상이 지연되는 와중에도 자율적으로 진행될 수 있는 지역 단위 환경정책을 장려한 의제 21 합의였다. 유엔 해비타트가 도시를 중점 대상으로 설정한 이후 기후변화 정책의 새로운 스케일이 부각되기 시작했다. 국가 차원의 조약 체결이 번번이 실망스럽고 비효율적으로 귀결되는 가운데 도시는 점점 더 중요한 정책 주체로 부상하고 있으며 때로는 국가의 실패를 보완하는 역할을 하기도 한다. 예컨대 미국 연방정부가 국제 협약에서 이탈하는 가운데서도 다수의 미국 도시들이 자체적으로 환경 정책을 추진하고 있는 것이 그 사례다. 이러한 도시의 환경정책은 대체로 두 가지 유형으로 구분된다. 첫째는 완화(mitigation)인데 이는 회복력 있는 도시를 구축하는 데 초점이 맞춰져 있다. 둘째는 적응(adaptation)인데 이는 지속가능한 도시를 구현하려는 접근이다. 이 두 가지는 순차적으로 논의될 것이다.

완화란 위험을 평가하고 그것을 통제하거나 극복하기 위한 전략을 말한다. 도시 정책의 관점에서 완화는 두 가지 형태로 나타난다. 첫 번째는 환경 위협에 대한 재난 위험 관리이다. 대부분의 도시는 저지대, 해안선 또는 하천 근처에 위치해 있어 홍수의 위험에 노출되어 있으며 기후변화는 이러한 위험을 더욱 증가시키고 있다. 따라서 일반적으로 홍수 제어는 완화 정책의 일환으로 자리 잡고 있다. 특히 빈곤한 도시의 경우 종종 가파른 언덕 위에 형성된 비공식 거주지들이 기후변화에 따른 극단적 기상현상에 더욱 취약하다. 이런 도시는 사망과 질병의 확산, 식수 및 식량 부족, 경제활동의 전반적 마비 등 다양한 위험에 노출된 대규모 취약 인구를 안고 있다. 이 상황에서 지방정부의 역량이 미약하기 때문에 완화는 주로 주민들의 자발적이고 비공식적인 대응에서 비롯된다. 이런 사례는 모두 지역 수준에서의 회복력 확보를 목표로 하는 완화 전략에 속한다.

두 번째 형태의 완화는 기후변화로부터 발생하는 보다 일반적인 위험에 대한 대응이다. 이에 따라 도시는 폐기물 재활용, 수자원 누수 방지, 주거 단열 규제, 신축건물의 에너지 효율성 제고, 대중교통의 저에너지화, 저탄소적 토지 이용 개발 등 다양한 영역에 걸쳐 정책을 수정하고 있다. 물론 이러한 실천 가능성은 도시의 부와 자원의 수준에 따라 큰 차이를 보인다. 그러나 어떤 경우든 인구 증가에 따른 기본적 수용 역량의 확보라는 기존 목표 외에도 미래의 지속 가능성을 확보하기 위한 새로운 책무가 부과되고 있다. 이처럼 지역적이든 일반적이든 그리고 단기적이든 장기적이든 완화의 목표는 환경적 위협에 대응할 수 있는 회복력을 갖춘 도시를 구축하는 데 있다. 이는 각 도시의 경험뿐만 아니라 타 도시의 교훈으로부터 학습하며 지속적인 준비 태세를 유지하는 방향으로 작동해야 한다.

그에 반해 적응은 환경 변화가 불가피하다는 인식에서 출발하는 정책적 접근이다. 따라서 이는 완화보다 훨씬 더 포괄적이고 급진적인 접근으로 새로운 환경 조건 하에서도 지속적으로 번영할 수 있는 도시의 창출을 지향한다. 이는 도시의 환경 영향을 전반적으로 감소시키는 총체적 비전을 요구하며 현재의 필요를 충족시키면서도 미래에도 유효한 결과를 보장할 수 있는 방식으로 작동해야 한다. 이를 위해서는 식량 및 에너지와 같은 물질적 자원의 지역 생산을 통한 수입 의존의 축소가 필요하다. 도시농업과 재생에너지 생산은 폐기물 관리와 연계될 수 있으며 가정 내외에서 자원을 공유하는 집합적 소비 방식은 총수요를 줄이는 데 기여한다. 이러한 노력은 고밀도 주거 구조에 의해 더욱 효과적으로 작동할 수 있다. 지속가능한 도시는 곧 압축도시(compact city)이며 보행과 자전거 이용을 장려하고 전반적으로 에너지 소비를 줄이는 방향으로 나아가야 한다.

이 두 가지 녹색 도시 정책 유형은 내용상 상당한 중첩을 보이며 대부분의 실제 도시들은 양자를 혼합한다. 그러나 이 둘은 지향점과 야심에서 분명한 차이를 보인다. 회복력 있는 도시를 만드는 것이 현실적 접근으로 간주될 수 있다면 지속가능한 도시를 만드는 것은 선의에 기반한 이상적 접근이라 할 수 있다. 이러한 평가 기준은 이 책 전반에 제시된 도시의 본질적 속성과 관련된다. 지속가능한 도시에 대한 논의는 대부분 도시정부의 권한 범위 내에서의 건축 및 도시계획 중심으로 구성되어 있으며 이는 7장에서 논의된 바와 같이 기능하는 도시경제보다 행정구역으로서의 도시에 집중하는 경향이 있다. 나아가 이러한 도시정부는 스마트 도시가 되기 위한 압력 하에 있는데 이는 보다 효율적인 에너지 사용과 서비스 개선을 가능하게 한다는 점에서 긍정적이다. 그러나 각각의 스마트 도시가 다결절적 도시지역의 구성 요소로 기능하더라도 그것이 자동적으로 기능적 통합을 의미하는 것은 아니다. 이 문제는 경계의 문제 이상의 것이다.

스마트 도시는 현재의 데이터를 기반으로 작동하기 때문에 본질적으로 현재에 고착되어 있다. 이는 모든 근거 기반(evidence-based) 도시 정책이 지니는 한계다. 예컨대 도시 내 자동차 통행에 대한 출발지-도착지 조사는 기존 병목현상을 파악할 수 있다. 하지만 그것은 도로망이 한 번도 연결된 적 없는 두 지점 사이의 억제된 수요를 파악할 수 없다. 그 결과 병목현상을 해소하기 위한 계획은 정당화될 수 있지만 구조적 수요 결핍을 극복하기 위한 근거는 제시되지 않는다. 이러한 정책상의 한계는 녹색 도시 구축에 있어 중요하다. 스마트 기술은 급진적 변화를 위한 만능 해법이 아니다. 따라서 만약 기후위기를 극복하기 위해 근본적 변화가 필요하다고 생각한다면 스마트 도시는 그 해답이 되지 못한다. 현재 대부분의 도시는 수평적 도시(horizontal city)인데 이는 녹색 도시정책이 지향하는 압축도시와는 정반대에 있다. 그리고 이러한 도시 형태는 단순히 기술이 발전(내연기관의 발명)한 결과가 아니라 20세기 초 자동차 산업과 광고 산업 간의 동맹이 부유층의 장난감이자 도로 위의 위협이던 자동차를 미국식 근대성의 상징으로 전환시킨 문화적 결과였다(McShane, 1994). 이로써 여러 대의 차량을 보유한 교외 거주 형태라는 초소비 도시(super-consumer city)의 기반이 형성된 것이다. 우리가 이 자동차 문화를 전복할 수 있기를 바라지만 이는 단순히 기존 도시의 효율성을 높이는 것으로는 해결되지 않는다.

중요한 점은 도시는 정부, 건축물, 인프라, 행정구역 또는 에너지 프로젝트가 아니라는 것이다. 도시는 생계를 꾸리는 실제 사람들의 응집체이며, 다른 도시들과 연결된 보다 광범위한 네트워크 체계의 일부이다. 이러한 응집성과 연결성에서 발생하는 외부효과가 경제발전을 창출하는 핵심 원리이다. 기후변화라는 조건 속에서 우리는 이러한 도시 과정을 ─ 즉 인간의 기대와 열망이 만들어내는 도시의 역동성 ─ 을 이해해야 한다. 오늘날의 도시가 변화하기 위해서는, 궁극적으로 문화적 기반 자체의 전환, 즉 도시의 재창조가 요구된다고 할 수 있다.

녹색 도시 네트워크

우선 이번 세기 말의 미래를 전망하면서 몇 가지 합리적인 가정을 설정해보자. 첫째, 인구는 대략 100억 명에 이를 것으로 예상되며 이들 대부분은 대도시에서 거주하게 될 것이다. 이러한 전망은 단순히 도시화의 지속이라는 차원을 넘어선다. 이처럼 방대한 인구를 지구 전역의 농장, 마을, 소도시에 분산시켜 어느 정도 자급자족을 하는 녹색 오아시스로 구성하는 것은 물리적으로 불가능하다. 이러한 이상주의적 비전은 결국 인류를 약 10억 명 수준으로 대규모 축소할 것을 전제해야 하는데 우리는 그러한 시나리오로 나아가지 않을 것이다. 다수의 대도시가 존재하는 미래를 전제로 할 경우 이 도시들은 점점 더 녹색성(greenness)의 자격을 갖추게 될 것이며 회복탄력성과 지속가능성을 지향하게 될 것이다. 이는 고밀도의 도시들, 나아가 수많은 메가시티들로 이어질 가능성이 크다. 그리고 이 메가시티들은 여전히 세계의 빈곤 지역에 주로 위치하게 될 것이다.

이러한 기본적인 녹색 시나리오에 더해 우리는 도시를 소비 중심지로 이해해야 하는 필요성을 덧붙여야 한다. 도시는 지속적으로 성장하며 때로는 통제가 불가능할 정도로 팽창하고 있다. 이와 같은 현상은 도시의 복잡성이 초래한 구조적 메커니즘, 즉 경제 발전을 위한 새로운 일의 창출에 기인한다. 도시 거주민들은 집적과 연결성에서 비롯된 외부성 활용하여 수많은 것을 생산하며 동시에 더 나은 삶을 영위하기 위해 수많은 것을 소비한다. 이러한 기대와 실천을 통해 도시경제는 형성되며 이 과정에서 생산과 소비가 이뤄진다. 이때 전자는 원자재를, 후자를 식량을 필요로 하기에 도시는 공급 지역과 긴밀이 연결된다. 이와 같은 경제 발전은 수천 년 동안 지속되어 왔으며, 특히 최근 수세기 동안 급속히 가속화되었다. 그러나 기후변화는 더 이상의 지속 가능성을 허락하지 않는다. 도시는 지나치게 성공했으며 그 결과 도시 거주자들은 마치 내일이 없는 듯이 생산하고 소비하게 되었다. 도시 중심적인 미래는 더 이상 현재의 연장선상에 놓일 수 없다. 지구는 그렇게 넉넉하지 않다.

그러니 다시 시작하자. 도시는 공급과 수요가 극단적으로 충돌하고 교차하는 장소이다. 동시에 도시는 인류의 위대한 발명품으로서 창의성이 만개하는 공간이며 이를 통해 우리는 고유하게 역동적인 제2의 자연(Second Nature)을 창출해왔다. 이러한 생동성과 역동성은 단지 유지되어야 할 것이 아니라 새로운 방식으로 양육되고 진전되어야 할 것이다. 이는 도시 외부성을 바탕으로 새로운 일을 창출하되 그로 인해 파생되는 역동성이 환경에 부담을 주지 않는 새로운 경제학을 형성하는 것을 의미한다. 이러한 방식으로 제1의 자연과 제2의 자연 사이의 불균형은 도시를 매개로 명시적으로 조정될 수 있다. 즉 개인이 자신의 삶을 영위하고 미래 세대를 위해 삶을 가능케 하는 생계의 형성을 통해 조화를 추구할 수 있다는 것이다.

우리가 추구해야 할 것은 도시 과정의 전환이며 이는 집적과 연결성이라는 도시의 장점을 새로운 방식으로 배치하는 것을 말한다. 회복탄력성을 위한 완화와 지속가능성을 위한 적응도 필요하지만 이들은 끊임없는 발전이라는 도시의 본질을 반영하지 못한다는 점에서 불충분하다. 도시 과정을 본질적으로 확장하고 고양시키는 핵심 개념은 후세성(posterity)을 구축하기 위한 책임관리(stewardship)이다. 이것은 개별 도시문제의 해결책을 넘어선 훨씬 더 총체적인 도시 재발명의 비전이다. 도시는 여전히 일을 통해 성장하겠지만 그 성장은 제1자연과 제2의 자연 사이의 균형을 추구하는 개인적 그리고 집단적 책임관리에 의해 다른 방식으로 동력을 얻게 될 것이다.

후세성을 지향하는 도시는 초-책임관리(super-stewardship)의 중심지이다. 무엇보다도 그것은 도시이기에 이 책의 주요 장에서 기술된 도시의 특성이 지속되어야 한다. 문제는 각 도시가 어떻게 과잉소비에서 의미있는 관리로의 전환에 기여할 수 있을 것인가이다.

- 분주한 도시는 여전히 광범위한 활동성의 중심으로 유지될 것이다. 이는 집적 및 새로운 전문 클러스터와 함께 할 것이다. 후세성을 위한 책임관리는 창의성의 폭발을 요구하며 일의 목표는 새롭게 재구성되어야 한다. 이는 결과적으로 환경적 영향을 온전히 비용화할 수 있는 새로운 보상 메커니즘의 필요성을 제기한다. 네트워크 사회는 물리적 접촉을 덜 요구할 수 있지만 경제 부문 간의 우연한 연결을 촉진하는 대면 상호작용은 여전히 필수적이다. 이는 모든 도시에서 변화의 주요 원천이다.

- 도시는 여전히 연결성을 유지해야 하며 고립으로 인한 경직성을 피해야 한다. 책임관리는 세계시민적이어야 하며 아이디어의 확산과 혼종을 가능케 한다. 동시에 지구상의 불균등한 자원 분포를 고려할 때 원자재와 식량의 이동은 여전히 필요할 것이다. 이에 따라 로컬과 비로컬에 대한 전면적인 재평가가 요구된다.

- 도시는 여전히 수요의 공간이겠지만 그 수요의 양상은 달라질 것이다. 기후변화로 인해 발생하는 문제를 극복하기 위해 기존의 일은 새로운 형태의 책임관리로 대체되어야 한다. 도시는 문제의 중심지이다. 따라서 도전을 직면하는 곳도 도시이다. 또한 그러한 도전은 창의적인 방식

을 따라 책임관리의 일로 전환되어야 한다. 이는 지적 활동과 물리적 활동을 모두 포함하는, 삶을 위해 새로운 방식의 생계를 구성하는 일이 된다.

- 도시는 여전히 분할된 공간으로 남을 것이며 이주의 흐름도 지속될 것이다. 책임관리의 형태는 지역마다 상이할 것이며 단일한 모델의 적용은 전 세계의 정체를 초래할 수 있다. 핵심은 자연과 그 관리 대상에 인간이 포함된다는 점이다. 현재 부유한 도시와 가난한 도시 간의 물질적 불평등을 유지하는 도시 간 흐름은 생명 유지와 육성을 위한 가치 평준화의 방향으로 재구성되어야 한다. 차이는 책임관리의 핵심적 조건으로 칭송받아야 한다.

- 도시와 국가의 관계는 후세성을 위한 도시가 실현되기 위해 근본적으로 재편되어야 한다. 규칙과 질서의 필요는 지속되겠지만 절대적 주권에 기반한 경직된 정치공간은 세계적 차원의 책임관리를 실현하는 데 적합하지 않다. 이는 책임관리의 가장 중대한 도전일 수 있다. 왜냐하면 국가는 내외부 경계를 운영하는 구조를 유지하며 이는 도시의 본질적 투과성과 정면으로 충돌하기 때문이다.

- 도시는 여전히 세계화될 것이며 이는 앞서 언급한 무역의 필요성만이 아니라 전 세계로부터의 기여가 복합적 관리체계로 통합되어야 하기 때문이다. 각 후세성 도시는 고유한 개별성을 갖기 때문에 제1과 제2의 자연을 육성하는 데 있어 독자적 기여를 수행할 수 있다. 도시 간 차이는 역동적 혁신 네트워크의 첫 번째 조건이며 현재의 세계도시 네트워크는 녹색 도시 네트워크로 전환되어야 한다.

이 여섯 가지 전환의 전망은 모두 고도로 사변적이다. 이는 도달가능한 고정된 유토피아가 아니라 책임관리라는 개념에서 도출된 일련의 원칙들이다. 후세성 도시는 특정한 목표가 아니라 시공간적으로 가변적인 도시 과정의 지속적 운동이라 할 수 있다. 단일 모델은 존재하지 않으며 복수의 움직임만이 존재할 뿐이다.

그러나 우리는 책임관리가 만들어내는 결과를 지리적 상상력의 역동성 속에서 사유할 수 있다. 회복탄력성과 지속가능성에 대한 현재의 관심은 개별 도시의 외부 세계에 대한 고려가 매우 부족하다. 도시의 환경적 영향을 나타내는 지표로서 생태적 발자취(ecological footprint)라는 개념이 존재하지만 이는 장래 세계에 대한 지리적 상상력이라기보다는 기술적 지표에 가깝다. 뉴욕은 에너지 소비라는 측면에서 미국에서 가장 녹색적인 공동체로 간주될 수 있을지 모르지만 스스로를 먹여 살릴 수 있을 정도로 자급하지는 못한다. 도시별 생태 발자국 연구는 도시들이 점으로 흩어져 있는 단순한 지리적 풍경을 암묵적으로 전제한다. 그러나 도시들은 과거에도 현재에도 그리고 미래에도 단절된 경제적 공백 위에 흩어진 거점들이 아니다.

그에 정반대되는 개념이 바로 지구를 가로지르는 복수의 녹색 도시 네트워크이다. 이는 일관된 지리적 상상력을 가능케 하며 우리가 사고하고 모색할 수 있는 하나의 대안이 된다. 즉 후세성 도시들로 이루어진 녹색 네트워크 사회라는 가능성이다.

결론적 보완: 도시의 파멸?

국가 간 기후 변화 대응 협상은 언제나 어려웠으며 점점 더 실패로 인식되고 있다. 따라서 국가가 경쟁성을 내적 본질로 지니고 있는 한 이 과업에 적합하지 않다는 주장이 제기된다. 그렇다면 상호보완성을 지향하는 경향이 있는 도시가 기후 위기에 대한 공동의 대응을 창출할 수 있는 보다 유력한 인간 사회의 매개체일 수 있다는 결론이 도출될 수 있다. 이는 위에서 도시들의 녹색 네트워크라는 개념을 이끌어내는 데 전제된 기본 가정이다. 기후 변화라는 현상을 야기한 사회적 기제는 정치적이라기보다는 경제적이었다. 궁극적으로 환경 변화를 야기한 것은 정치가 아니라 도시에서의 지속적인 수요 증가, 즉 초과 소비였다. 그러므로 해법 역시 도시를 통해 모색되어야 한다는 주장이 제기된다. 그러나 위에서 제시된 최소한의 사회적 변화를 위해 필요한 시간표조차 보다 긴박한 변화하는 환경의 시간표와 맞지 않는다면 어떻게 될 것인가?

이 질문에 대한 대답은 다음과 같다. 도시의 역사는 완전히 원을 그리게 된다는 것이다. 이는 문명의 발원에서 문명의 종말로 이어지는 인과의 궤적을 말한다. 제1자연과 제2자연 사이의 불균형이 어느 정도라도 조율되지 않는다면 그 희생자는 제2자연이 될 것이다. 이는 도시에 대한 최후의 심판이자 통제되지 않은 이기적 창의성에 대한 응보로 간주될 수 있다. 자연 속에서 생존하기 위해 종(種)은 두 가지 과제를 성취해야 한다. 하나는 개체의 생물학적 재생산이며 다른 하나는 그 개체를 지탱하는 환경의 생태학적 재생산이다. 그러나 도시는 이 가운데 후자를 재생산하는 데 실패하고 있다.

도시의 파국 가능성이라는 이 주장은 이 책의 도시가 가진 수많은 부정적 측면에도 불구하고 그 긍정성을 강조하려는 이 책의 전반적 경향에 대한 반론으로 기능한다. 다시 말해 도시라는 경제적 거대 구조 속에서 희망과 삶을 파괴당한 수많은 개인들의 경험에 비추어 보면 도시는 긍정적으로만 묘사될 수 없다. 이에 대해 반론을 제기하자면 나는 단지 이렇게 말할 수 있을 뿐이다. 긍정이든 부정이든 우리는 수십 년 후의 미래를 알 수 없다. 그렇기 때문에 이 책에서는 도시의 녹색 네트워크를 어떤 예측 모델이 갖추고 있어야 할 세부사항 없이 지리적 상상력의 형태로 제시한 것이다. 그렇다. 우리는 알 수 없다. 그러나 그것이 필요하다면 바로 그때 우리는 우려를 할 수 있다. 이러한 우려를 실천으로 전환하기 위해서는 도시에 관한 유효한 지식이 필수불가결할 것이다.

도시 인사이트 전체 참고문헌

독자가 도시 인사이트에서 하나 혹은 그 이상의 내용에 관해 특히 인상 깊게 여긴다면 이를 심화할 수 있도록 전체 참고문헌을 아래에서 제시하였다.

Anonymous (2011) A Woman in Berlin: Diary 20 April 1945 to 22 June 1945. London: Virago.

Brook, T. (2008) Vermeer's Hat: The Seventeenth Century and the Dawn of the Global World. New York: Bloomsbury.

Cronon, W. (1991) Nature's Metropolis: Chicago and the Great West. New York: Norton.

Hassett, B. (2017) Built on Bones: 15,000 Years of Urban Life and Death. London: Bloomsbury.

Lloyd, T. H. (1991) England and the German Hanse 1157-1611: A Study of Their Trade and Commercial Diplomacy. Cambridge: Cambridge University Press.

Navai, R. (2014) City of Lies: Love, Sex, Death and the Search for Truth in Tehran. London: Weidenfeld & Nicolson.

Pai, H.-H. (2012) Scattered Sand: The Story of China's Rural Migrants. London: Verso.

Rawlence, B. (2016) City of Thorns: Nine Lives in the World's Largest Refugee Camp. London: Portobello.

Soares, L. E. (2016) Rio de Janeiro: Extreme City. London: Allen Lane.

본문에 인용된 문헌

본문에서는 독서의 용이성을 고려하여 인용을 최소한으로 제한했다. 따라서 인용은 특정 개념이나 주제가 명시적으로 한 저자에게서 차용된 경우에만 사용되었으며 이 경우 해당 저자를 출처로 명기하였다.

Algaze, G. (2005a) The Uruk World System: The Dynamics of Expansion of Early Mesopotamian Civilization. Chicago, IL: University of Chicago Press.

Algaze, G. (2005b) "The Sumerian take-off", Structure and Dynamics: eJournal of Anthropological and Related Sciences 1 (1), Article 2.

Amin A. and N. Thrift (2017) Seeing Like a City. Cambridge: Polity.

Atkinson, R. (2020) Alpha City: How London Was Captured by the Super-Rich. London: Verso.

Batty, M. (2013) The New Science of Cities. Cambridge, MA: The MIT Press.

Burgess, E. W. (1925) "The growth of the city", in R. E. Park, E. W. Burgess and R. D. McKenzie (eds) The City. Chicago, IL: University of Chicago Press.

Castells, M. (1996) The Rise of Network Society. Oxford: Blackwell.

Childe, V. G. (1950) "The urban revolution", Town Planning Review 21, 3-17.

Clement, C. R., W. M. Denevan, M. J. Heckenberger, A. B. Junqueira, E. G. Neves, W. C. Teixeira and W. I. Woods (2015) "The domestication of Amazonia before European conquest", Proceedings B, Royal Society (http:// rspb.royalsocietypublishing .org/ (accessed 29 September 2015)).

Davies, N. and R. Moorhouse (2003) Microcosm: Portrait of a Central European City. London: Pimlico.

Dearlove, J. (1979) The Reorganization of British Local Government: Old Orthodoxies and a Political Perspective. Cambridge: Cambridge University Press.

Glaeser, E. L. (2011) The Triumph of the City. London: Macmillan.

Glaeser, E. L., H. D. Kalial, J. A. Scheinkman and A. Schleifer (1992) 'Growth in cities', Journal of Political Economy 100, 1126-52.

Gregory, D. (1982) Regional Transformation and Industrial Revolution: A Geography of the Yorkshire Woollen Industry. London: Macmillan.

Jacobs, J. (1970) The Economy of Cities. New York: Vintage.

Jacobs, J. (1984) Cities and the Wealth of Nations. New York: Vintage.

Jacobs, J. (2000) The Nature of Economies. New York: Vintage.

Mann, C. C. (2011) 1491: New Revelations of the Americas Before Columbus. New York: Vintage.

Markusen, A. (1996) "Sticky places in slippery space: a typology of industrial districts", Economic Geography 72, 293-313.

Marshall, A. (1890) Principles of Economics. London: Macmillan.

McShane, C. (1994) Down the Asphalt Path: The Automobile and the American City. New York: Columbia University Press.

Modelski, G. (2003) World Cities: 3000 to 2000. Washington, DC: Faros 2000.

Nissen, H. J. (1988) The Early History of the Ancient Near East, 9000-2000 bc. Chicago, IL: University of Chicago Press.

Owen, D. (2009) Green Metropolis. New York: Riverhead.

Sassen, S. (2001) The Global City: New York, London, Tokyo. Princeton, NJ: Princeton University Press.

Scott, A. J. (2008) Social Economy of the Metropolis: Cognitive-Cultural Capital and the Global Resurgence of Cities. Oxford: Oxford University Press.

Scott, A. J. and M. Storper (2014) "The nature of cities: the scope and limits of urban theory", International Journal of Urban and Regional Research 39, 1-15.

Smith, M. E. (2016) "How can archaeologists identify early cities? Definitions, types and attributes", in M. Fernandez-Gotz and D. Krausse (eds) Eurasia at the Dawn of History: Urbanization and Social Change. Cambridge: Cambridge University Press.

Taylor, P. J. (2001) "Specification of the world city network", Geographical Analysis 33, 181-93.

Taylor, P. J., M. Hoyler and R. Verbruggen (2010) "External urban relational process: introducing central flow theory to complement central place theory", Urban Studies 47, 2803-18.

Weber, A. F. (1899) The Growth of Cities in the Nineteenth Century: A Study in Statistics. Ithaca, NY: Cornell University Press.

Wilson, G. (1971) Gentleman Merchants: The Merchant's Community in Leeds, 1700 -1830. Manchester: Manchester University Press.

Wirth, L. (1938) "Urbanism as a way of life", American Journal of Sociology 44, 3 -24.

도시에 관한 총체적 관점을 제시하는 최근 저작

이 범주에 속하는 저작들은 본문에서 전개된 여러 논점을 다양한 방식으로 심화 및 확장하는 작업을 수행하고 있다. 이 가운데 다섯 권은 앞서 언급된 목록에도 포함되어 있는데 이들은 Amin and Thrift(2017), Batty(2013), Glaeser (2011), Jacobs(2000), Sassen(2001)이다. 여기에 추가로 몇 권의 중요한 저작이 포함된다.

Brenner, N. (ed.) (2014) Implosions/Explosions: Towards a Study of Planetary Urbanization. Berlin: Jovis.

Glaeser, E., K. Kourtit and P. Nijkamp (eds) (2020) Urban Empires: Cities as Global Rulers in the New Urban World. London: Routledge.

Hall, P. (1988) Cities in Civilization. London: Weidenfeld & Nicolson.

Perulli, P. (2017) The Urban Contract: Community, Governance and Capitalism. London: Routledge.

Robinson, J. (2006) Ordinary Cities: Between Modernity and Development. London: Routledge.

Scott, A. G. (2012) A World in Emergence: Cities and Regions in the 21st Century. Cheltenham, UK and Northampton, MA, USA: Edward Elgar.

Soja, E. W. (2000) Postmetropolis: Critical Studies of Cities and Regions. Oxford: Blackwell.

Storper, M. (2013) Keys to the City: How Economics, Institutions, Social Interaction and Politics Shape Development. Princeton, NJ: Princeton University Press.

Taylor, P. J. (2013) Extraordinary Cities: Millennia of Moral Syndromes, World-Systems and City/State Relations. Cheltenham, UK and Northampton, MA, USA: Edward Elgar.

각 장의 주제를 보다 심화시켜주는 주요 문헌

이 목록은 필자가 잘 알고 있어 본문에서 암묵적으로 활용되었거나 특정 주제에 대한 독자의 추가 독서를 시작하기에 적절하다고 판단되는 문헌들로 구성되어 있다. 각 장마다 세 편의 참고문헌으로 제한하였다.

• 문명발생지로서의 도시

Smith, M. L. (ed.) (2003) The Social Construction of Ancient Cities. Washington, DC: Smithsonian Books.

Thomas, A. R. (2010) The Evolution of the Ancient City. Lanham, MD: Rowman & Littlefield.

Yoffee, N. (2005) Myths of the Archaic State: Evolution of the Earliest Cities, States, and Civilizations. Cambridge: Cambridge University Press.

• 분주한 도시

Fujita, M. and J.-F. Thisse (2002) Economics of Agglomeration: Cities, Industrial Location and Regional Growth. Cambridge: Cambridge University Press.

Kratke, S. (2011) The Creative Capital of Cities: Interactive Knowledge Creation and the Urbanization Economics of Innovation. Oxford: Wiley-Blackwell.

Porter, M. E. (1998) 'Clusters and the new economics of competition', Harvard Business Review 73 (3) 55-71.

•연결된 도시

LaBianca, O. S. and S. A. Scham (eds) (2010) Connectivity in Antiquity: Globalization as Long-term Historical Process. London: Equinox.

Neal, Z. P. (2013) The Connected City: How Networks Are Shaping the Modern Metropolis. London: Routledge.

Sassen, S. (2006) Cities in a World Economy. Thousand Oaks, CA: Pine Forge.

•수요를 창출하는 도시

Arrighi, G. (2010) The Long Twentieth Century: Money, Power and the Origins of Our Times. London: Verso.

Bowden, C. (2011) Murder City: Ciudad Juarez and the Global Economy's New Killing Fields. New York: Nation Books.

Steel, C. (2008) Hungry City: How Food Shapes Our Lives. London: Chatto and Windus.

•분열된 도시

Davis, M. (2006) Planet of Slums. London: Verso.

Hamnett, C. (2003) Unequal City: London in the Global Arena. London: Routledge.

Knox, P. L. (2008) Metroburbia, USA. New Brunswick, NJ: Rutgers University Press.

•국가 속의 도시

Grayling, A. C. (2006) Among the Dead Cities: Is the Targeting of Civilians in War Ever 'Justified?'. London: Bloomsbury.

Hall, P. (1996) Cities of Tomorrow: An Intellectual History of Urban Planning and Design in the Twentieth Century. Oxford: Blackwell.

Harvey, D. (2012) Rebel Cities: From the Right to the City to the Urban Revolution. London: Verso.

• 세계화된 도시

Harrison, J. and M. Hoyler (eds) (2015) Megaregions: Globalization's New Urban Form? Cheltenham, UK and Northampton, MA, USA: Edward Elgar.

Lizieri, C. (2009) Towers of Capital: Office Markets and International Financial Services. Oxford: Wiley-Blackwell.

Taylor, P. J. and B. Derudder (2016) World City Network: A Global Urban Analysis. London: Routledge.

• 자연 속의 도시

Bulkeley, H. (2013) Cities and Climate Change. London: Routledge.

Girardet, H. (2008) Cities, People, Planet. Chichester: John Wiley.

Taylor, P. J., G. O'Brien and P. O'Keefe (2020) Cities Demanding the Earth: A New Understanding of the Climate Emergency. Bristol: Bristol University Press.

다수 논문을 수록한 주요 문헌집

서문에서 설명한 바와 같이 최근 출판 붐에 대한 반응 중 하나로 영향력 있는 논문이나 장 (chapter)들을 모은 방대한 문헌집들이 출간되고 있다. 아래에 제시된 네 권의 문헌집은 총 250편 이상의 장을 포함하고 있어 본서에서 제시된 도시 개념의 입문 수준을 넘어 보다 심화된 지식을 추구하는 독자에게 유용할 것이다.

Derudder, B., M. Hoyler, P. J. Taylor and F. Witlox (eds) (2012) International Handbook of Globalization and World Cities. Cheltenham, UK and Northampton, MA, USA: Edward Elgar.

LeGates, R. T. and F. Stout (eds) (2016) The City Reader (6th edition). London: Routledge.

Norwich, J. J. (eds) (2009) Great Cities in History. London: Thames & Hudson.

Ren, X. and R. Keil (eds) (2018) The Globalizing Cities Reader (2nd edition). London: Routledge.

(ㅍ)

(ㅎ)

(영문)

도시
고급 입문

초판인쇄 2025년 6월 30일
초판발행 2025년 6월 30일

지 은 이 피터 테일러
펴 낸 이 채종준
펴 낸 곳 한국학술정보(주)
주   소 경기도 파주시 회동길 230(문발동)
전   화 031-908-3181(대표)
팩   스 031-908-3189
투고문의 ksibook1@kstudy.com
등   록 제일산-115호(2000. 6. 19)

ISBN   979-11-7457-050-5 93300

이담북스는 한국학술정보(주)의 학술/학습도서 출판 브랜드입니다.
이 시대 꼭 필요한 것만 담아 독자와 함께 공유한다는 의미를 나타냈습니다.
다양한 분야 전문가의 지식과 경험을 고스란히 전해 배움의 즐거움을 선물하는 책을 만들고자 합니다.